20

PIER PAOLO PASOLINI

Tabernáculo de las cosas mundanas

TASCABILI

◁◮◁ altamarea

Primera edición en esta colección: junio de 2024

© de los textos: Garzanti Libri s.r.l., Milano, Gruppo editoriale
MauriSpagnol y Pasolini Estate. Todos los derechos reservados
© de la presente edición: Altamarea Ediciones
© de la traducción: Alessandro Ryker
altamarea.es
altamarea@altamarea.es

Diseño de la colección: Sara Maroto Hebrero
Corrección: Claudia D'Amico
Maquetación: María Marín

ISBN: 978-84-19583-61-1
DL: M-12606-2024

Impreso en España por Estugraf en mayo de 2024

PIER PAOLO PASOLINI

Tabernáculo de las cosas mundanas

Traducción de
Alessandro Ryker

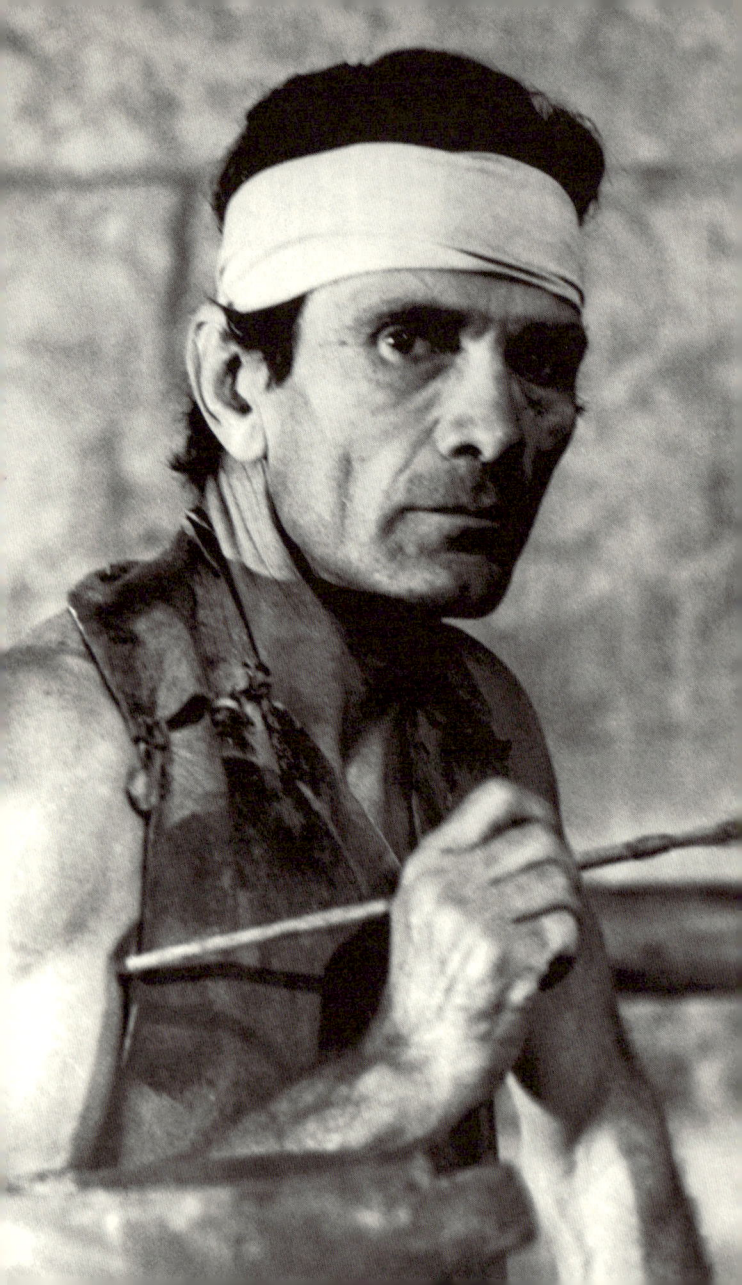

VOLVÍ A PINTAR AYER...[1]

Volví a pintar ayer, 19 de marzo, después de unos treinta años de no hacerlo (con algunas excepciones). No he logrado hacer nada ni con lápiz, ni con pasteles ni con tinta. He cogido un bote de pegamento, he dibujado y pintado, a la vez, vertiendo el líquido directamente sobre el papel. Debe de haber una razón por la que nunca he frecuentado una escuela o una academia de arte. Solo la idea de hacer algo tradicional me da náuseas, me pone literalmente enfermo. Hace treinta años ya me causaba dificultades materiales.

En aquella época, la mayor parte de los dibujos los hacía con la yema del dedo untada con pintura directamente del tubo, sobre celofán; o dibujaba directamente con el tubo, apretándolo. Los cuadros los pintaba sobre arpillera, lo más áspera y llena de agujeros posible, con cola y yeso mal preparados. Sin embargo, no se puede decir que yo fuera (y sea) un pintor «matérico». Me interesa la «composición», con sus contornos, más que la materia. Pero solo puedo hacer las formas que quiero, con los contornos que quiero, si el material es difícil, imposible; y sobre todo si es, de alguna manera, «precioso».

Los pintores que me influyeron en 1943, cuando hice mis primeros cuadros y dibujos, fueron Masaccio y Carrà (que son, de hecho, pintores matéricos). Mi interés por la pintura cesó repentinamente y me alejé de ella unos diez o quince años, desde el periodo de la pintura abstracta hasta el de la pintura pop. Ahora me interesa de nuevo. Tanto en 1943 como ahora, los temas de mi pintura no han dejado de ser familiares, cotidianos, tiernos y acaso idílicos. A pesar de la presencia cosmopolita de Longhi —mi adoración era tal que mi intelecto ni siquiera rezaba entonces—, mi pintura es dialectal: un dialecto como «lengua para la poesía». Exquisito, misterioso: material de tabernáculo. Sigo sintiendo, cuando pinto, la religión de las cosas.

Tal vez un paréntesis de treinta años signifique que, en este campo, el tiempo no ha pasado, y me encuentro, frente a un lienzo, en el punto en el que dejé de pintar. Por supuesto (lo había olvidado), entre mis ídolos estaba también Morandi. Y no puedo ocultar mi inmenso amor por Bonnard (sus tardes llenas de silencio y sol mediterráneo). Me gustaría poder hacer un cuadro parecido a uno de los paisajes provenzales de Bonnard que vi en el pequeño museo de Praga. En el peor de los casos, me gustaría ser un pequeño pintor neocubista, aunque nunca, nunca sabría utilizar el claroscuro, ni el color, con la pureza esponjosa y la limpieza perfecta que son necesarias para el cubismo. No tengo elección, necesito un tema expresionista (como puede verse, incluso los aficionados tienen sus apasionantes problemas).

PINTURA[2]

Respetables señores:

Permítanme recordarles, antes de entrar en materia (es decir, antes de esbozar un prefacio a esta muestra) que la octogenaria Società Operaia que la ha organizado puede jactarse de un pasado en el que la reciprocidad de las ayudas no es únicamente de carácter económico, sino también intelectual, moral. Retomada plenamente la actividad tras el paréntesis que supuso el *Ventennio,* y con gran animación según se aprecia tras una rápida ojeada a lo aquí expuesto, era natural que mostrara interés en actividades que van más allá de lo social o artístico. ¿El primer resultado? Este. Os llegarán elogios ajenos sobre la historia de la venerable Società, pero yo me limitaré a resaltar la función modesta, si bien continua y obstinada, de divulgadora de lo que definimos como «civilización». Estamos en provincias y es aquí, más que en los grandes centros culturales, donde se mide el nivel de civilización de un pueblo. Ahora, si por absurda casualidad, un extranjero apareciese en este momento y viera esta exposición, imaginamos que no podría evitar pensar en un demostrativo indicio de la civilización citada. Treinta expositores para la Mostra dell'Artigianato y una decena para la Mostra dell'Arte son dos cifras representativas, sorprendentes para una ciudad como San Vito. ¿Qué profano podía llegar a imaginar en las desocupadas tardes y en las lentas mañanas que envuelven San Vito con una luz tan cándida y cruda que las líneas de sus casas vénetas y de sus árboles parecen grabadas a buril sobre un cielo de zinc, quién podía imaginar un fermento tan grande de obras de arte? De las volanderas manos del carpintero a las atentas de la bordadora, de las rápidas del herrero a las puntillosas del grabador, una gran cantidad de manos teje a diario en San Vito el hilo de la felicidad y de la civilización. Con los artesanos, los artistas. Y ahora debo pediros con firmeza que se me permita abandonar las generalidades, si bien no la exigida brevedad. Porque siempre se puede pensar que las sombras de Bellunello, de Pietro da San Vito y de Amalteo no hagan fruncir el ceño nunca. Un cuadro es, indudablemente, un objeto inútil. Una cama «bonita» sirve para dormir, una silla «bonita» sirve para sentarse, un armario «bonito» sirve para colgar las camisas; un cuadro «bonito» no sirve para nada. Bien, no lo niego. Diré solo que una sociedad que se rodea de belleza que escapa de la utilidad es una sociedad humana, no de castores o de abejas. El «valor añadido» que tiene un cuadro es el baremo más válido para calibrar la sociedad de la que antes hablaba. Y llegamos a los expositores: en todos reina la idea de que un cuadro es, ante todo, un hecho poético; después, es un hecho manual, lo que no es poco si los cuadros aquí expuestos presentan el grado de deformación de la realidad que es necesaria para hacerlos complicados, en el sentido de que son antifotografía. Exposición notable, por tanto, no solo por la presencia de un artista de valor excepcional como Bruno Saetti, y de otros que de un modo u otro escapan de lo provinciano para alcanzar lo nacional; hablo de Tramontin, con su finísima e inquieta velocidad cromática, de De Rocco con sus sólidas composiciones y el constructivismo de sus colores cálidos, de Zuccheri con gracia reflejada, neoclásica e intensa, en los dos cuadros que expone. Además, digo, de estos ya consolidados, estamos ante una serie de pruebas notables: véase el rincón de Infanti, tres paisajes y tres grabados de una elegancia un poco decadente pero refinadísima; véanse los cuatro Variola, sobre todo la marina esencial y desencantada; váyase a la gran capacidad técnica de los San Viti de Azzano, la delicadeza de Senigaglia, y la evidente extravagancia de los desolados muchachos de Duz. Dejo para el final los dos pintores que un crítico positivista llamaría, sin duda, productos de ambiente cultural de provincias. El primero, el interesante Michieli, provincia burguesa, expresa un espíritu crepuscular, una sensibilidad aguda y casi morbosa; el segundo, Susanna, a quien la provincia campesina y obrera manda utilizar el pincel con una fuerza ingenua y penetrante que recuerda (es verdad que vagamente) bien a los primitivos, bien a los pintores flamencos, bien a ciertos ingenuos postimpresionistas franceses. Pero las obras que ahora os disponéis a ver con la ligera y ociosa felicidad que da lo nuevo serán, sin duda, más elocuentes que el crítico.

LA LUZ Y LOS PINTORES FRIULANOS[3]

Comenzaremos con una *boutade* que, o nos engañamos, o encontrará pocos que la nieguen: la pintura es el género artístico que da resultados más brillantes en el Friul. Y nos comprometemos y nos empeñamos en un análisis que no evite el lenguaje crítico necesario para elevar la inicial afirmación afectiva («la pintura es el género…») a un nivel semejante al que se dice que ha llegado la pintura. Cuando se habla de «nivel», «resultados», etcétera, parece evidente que queremos referirnos a un *milieu*, en la acepción más o menos naturalista del término, y que se quiere, en consecuencia, cumplimentar colectivamente a los pintores friulanos. Que no se nos malinterprete, en cualquier caso: está claro que en el Friul se da una refracción de la civilización pictórica que se produce en las grandes ciudades (París, Milán, Roma), y no es solo una civilización indígena; así pues, nuestra reflexión es, *de facto*, relativa. Un ambiente pictórico friulano así compuesto podría ser «presentado», por tanto, en un contexto cuyas líneas perimétricas las compongan Casorati, Morandi y la pintura tonal, Guidi, y algunas débiles sugestiones expresionistas o neorrománticas (al estilo de Guttuso); es decir, se trata de un ambiente compuesto por no friulanos. Eso, en nuestra boca, suena sin duda como un elogio si pensamos que así queremos liberar a nuestros pintores de la sospecha de dialectalismo y, por tanto, de retraso artístico. Con los nombres de los autores que delimitan el campo de la joven pintura friulana hemos esbozado implícitamente (para quien no sea un analfabeto en asuntos tales) un trazo, una impresión, un apunte. Recientemente, en Tricesimo, hemos tenido la confirmación a todo ello, y hemos salido de la muestra seguros de tener una imagen (o una fórmula) que supone el resumen de una operación colectiva; lo que no podríamos comunicar a los lectores si nos conformáramos con ser uno de esos folletos que dan una pizca de satisfacción genérica a todos y cada uno de los pintores expuestos y no intentásemos, en cambio, establecer una jerarquía, una escala de valores. El hilo nos lo ofrecerá un término técnico y teórico: «luz».

Anzil ve la luz dentro de las cosas, no fuera. Para él, los objetos son astros, no planetas: el objeto, el cuerpo en sus telas se ilumina, narcisista, por sí solo, inventa por sí mismo su tercera dimensión cuando pasa del caos a la forma expresa. Luz mental, la de Anzil, que nos recordaba la «luz universal» de Piero o, en cualquier caso, un Renacimiento ya teñido de «caravaggismo», y es aquí donde hay que ir a buscar el clasicismo de este pintor (del que también se erigió como teórico en un manifiesto), con todo lo que tiene de bueno y de malo. En los tres cuadros aquí expuestos, todo lo irreal y lo estético que inunda cada nuevo clasicismo, mientras se descubre en el *Nudo,* presente en el rostro de la *Figura* una preciosidad aceptable, conseguida con poca materia, pero con «mucho» trabajo, depurándose luego de cualquier intencionalidad con el *Paesaggio* bloqueado en el marmóreo desequilibrio de una luz carente de todo accidente.

Semejante en la acepción sentimental (poeticidad, alejamiento, refinamiento) es la «luz» en Turrin mientras quiere diferenciarse para seguir los encantos de lo tonal: en estos dos paisajes y en esta naturaleza muerta, los registros tonales no son más de tres o cuatro, y de ellos nace una música melancólica y escandida. No podemos no admirar a Turrin en sus esquivas premeditaciones de una necesaria y un poco epidérmica eternidad. Incluso en Toso y en Tavagnacco (y en el menos maduro Genalini) podríamos hablar de una luz intelectual y poética, que no llueve sobre los objetos, sino que se origina originándolos. Esta operación no es inmune a algunos peligros; sobre todo (podríamos decir) peligros escenográficos o estetizantes. De hecho, en Toso (que en esta muestra no nos sugiere un progreso o un cambio de las posiciones que reconocíamos como suyas, excepto tal vez el estilo modiglianesco del «desnudo») estos peligros son siempre evidentes. Incluso en los verdes fríos y envenenados de Tavagnacco, igualmente en éxtasis, la intelectual luz al estilo de Casorati no es tan perversa, cortante, como para alcanzar la poeticidad fuera del esquema naturalista y se demora un poco en taraceas y rémoras caligráficas. Idéntica noción de la luz aparece en De Cillia, con una mayor acentuación al estilo del siglo XVII y de los románticos y abrumada por la atracción por el emplaste. Pero en las tres telas aquí presentadas, la luz confía demasiado en el efecto y el emplaste queda demasiado sometido a complacencias, nos parece que De Cillia sobrevuela los riesgos de una caída en el esteticismo. Incluso Canci y Ceschia se mueven en un mundo de luces poetizantes que llegan a presentar las cosas en un plano de amabilidad y de transparencia (con un punto metafísico), aunque simplificándolas en exceso.

Y llegamos a la segunda acepción de «luz», que no deja *(grosso modo)* de bordear el gran mar postimpresionista. Es sabido que a este movimiento se contrapuso un nuevo constructivismo o reinvención de la realidad, bien mediante la técnica del cubismo, bien a través de los mitos del fauvismo, del picassianismo y, en general, de la pintura metafísica (y son las líneas que llevarán a la luz innatural de la pintura tonal y a los varios neoclasicismos), mientras, por otra parte, aún progresó la línea del impresionismo, y es bien sabido cómo las locas ambiciones psicológicas de los expresionistas utilizan una base cromática y gráfica que proviene de los impresionistas. Añadamos rápidamente que, al cabo, el impresionismo segregará a principios del siglo XX una producción un poco marginal de «buena pintura»: *plein air,* «velocidad cromática», realismo no naturalista, etcétera. Allí, la luz es aún activa, dinámica; al caer sobre el objeto desde un hecho siempre natural (el sol), lo deforma enriqueciéndolo o corroyéndolo. Este tipo de luz, y volvemos a Tricesimo, es el que trata, por ejemplo, Brusini (véase *Rittrato,* sobre todo; y, con mayor placer, *Riposo;* aun la hermosa estatuilla del hombre semirrecostado aparece envuelta en una ruda caricia luminosa). Incluso de Celiberti *(Laguna)* podríamos decir lo mismo, si no fuera porque en este caso, más que los objetos, es la masa cromática la que está inundada de luz, no sin ambiciones de acercarse a Sironi. Dígase lo mismo de Dri, pintor con más recorrido que los anteriores, que no nos impresiona con la materia opaca, oprimida y dúctil (pero sin preciosidad) de *Paesaggio* y *Mattino*. Nos parece mejor, es decir, carente de una desenvoltura todavía incierta, en el desolado *Scolaro*. Cuarto en este círculo de pintores impresionados por un Carrà un poco semejante a Sironi y a… Carena, e hijo de un expresionismo temeroso, está G. Piccini, a quien se debe una *Porta Cividale* que en su grave pesadez revela una «ingenua» energía que se aprecia físicamente en las cosas. Las *Ultime luci* de Toniutti y el *Paesaggio* de Mitri nos recuerdan aquella buena pintura a la que nos referíamos (De Grada, Semeghini, un poco de Soffici, etcétera) con la frescura y levedad que aparecen en las pinceladas oblicuas y resentidas del primero, con el idilio del rosa y del azul aplicados con abandono del segundo. Y aquí deberíamos acercar la reflexión a Pittino, pero preferimos sobrevolar el argumento escabroso que nos ofrece Pittino: es un pintor que apreciamos desde hace tiempo, pero ahora no nos apetece valorar cómo se remite y se pliega a una sencillez y a un orden que, así entendidos, desaprobamos.

Solo, como su *Testa,* nos queda Zigaina. ¡Oh!, por supuesto, no seríamos los últimos en no apoyarlo cuando sacrificase, como acostumbra, la pintura a la inteligencia, al buen gusto y hasta a la polémica. Su picassianismo tendente al bizantinismo utiliza una violencia muy descubierta de escritura pictórica: no hay intención que no haya sido declarada y que no se declame en las incorrecciones y en las voluntarias manchas de su pastiche estilístico. No obstante, en sus «equivocaciones» sería deseable mayor coraje, o sea, un rigor formal más despiadado.

De Rocco comparte la soledad con Zigaina, pero en un plano muy diferente. Es un pintor lleno de influencias de Saetti; de acuerdo, pero son caligráficas, no rítmicas, si se tiene en cuenta que De Rocco ha sustituido la enfermedad de *enfant du siècle* de su maestro ¡con una salud digna de Bellunello! Y la expresa en el sólido giro compositivo y en el cálido constructivismo de los colores de esta *Santa Caterina che confortò Nicolò di Tuldo,* con el bellísimo recitativo en blanco y negro de las dos monjas y la tonalidad de los personajes firmemente integrados en el volumen de la composición. En todo caso, por culpa de algunas zonas algo gastadas y de cierta pátina académica, nos gusta más *Paesaggio:* aquí, la disgregación lírica de un Guidi y la preciosidad cromática de un Saetti se reúnen en un instante de clarísima felicidad pictórica; obsérvese también cómo la humedad, un hecho realista, se presenta con procedimientos fantásticos de un violáceo aplicado verticalmente sobre un verde compacto y acerbo: este prado nos parece el mejor fragmento de pintura de la exposición.

También los escultores tienen gran nivel. Hemos citado *Gli aeroplani* de Brusini; es hora de la cálida alabanza a Max Piccini por el particular de la *Madonnina* y el *Ritratto di Paolo*. El grabado nos deja, en cambio, un poco insatisfechos; el válido Tramontin nos ofrece dos estampas demasiado perfiladas, divertidos son los *Lunatici* de Brusini, bastante puro el buril de Ciussi a la hora de circunscribir fisonomías un poco sacadas de Guttuso, notable el *Cavallo* de Toniuti y el cuerpo (¡no la cabeza!) de un muchacho arrodillado de Tubaro.

EL RETRATO EN UDINE[4]

La «Mostra triveneta del ritratto» de Udine (del 27 de septiembre al 12 de octubre) puede presumir ciertamente de un interés no provinciano (dialectal), tanto por la presencia de algunos de los mejores pintores venecianos como, sobre todo, porque los pintores friulanos están a un nivel lo suficientemente alto como para poder leerse según las claves de un lenguaje pictórico nacional.

Zigaina (uno de los premiados) pretende que la atención recaiga inmediatamente sobre él. Y en él nos detenemos, temiendo que gran parte de lo que vamos a decir sea puesto patas arriba por un Zigaina en actitud demostrativa. En una atmósfera de pintor no de manera, sino de escándalo picassiano, nos lanza con arrogancia sus macizos espectros bizantinos. Pero acerquémonos a la pared y veamos cómo pinta: la materia no la ha absorbido aún el preparado, brillan todavía el aceite y el aguarrás, yace en una atmósfera de *après le déluge,* en la humedad de un mundo recién resurgido del caos. Las pinceladas no se entremezclan, tienen colores poco vistosos (tierras, betunes, amarillos) y se yuxtaponen en un desorden casi desagradable, ciertamente brutal. El enfoque compositivo tiende a un tipo de deformación excesiva, fuera de toda dialéctica normal. La luz no es más que una pincelada (más bien una mancha) en el tejido tenebroso de la sombra. El lector que no conozca a Zigaina pensará inmediatamente en los expresionistas: nada más falso. Zigaina no tiene el más mínimo interés psicológico. La psicología, como el movimiento, el gesto, la fisonomía, el juego compositivo, es anécdota, mientras busca una inmovilidad que dé a la pintura una vida autónoma y eterna (a la manera de Valéry) fuera del mundo del autor; es muy evidente en Zigaina una estética precedida, y todavía turbada, por un misticismo, por una soledad humana. Estos retratos suyos son en parte hechos puramente plásticos, lenguaje. Sin embargo, este jovencísimo pintor necesita más serenidad o incluso indiferencia (¿por qué no?), el único estado en el que, en el arte, uno puede acercarse a lo eterno más allá de la peripecia que, hasta hoy, impone a Zigaina sus dramáticas anécdotas.

El hilo del discurso que Pittino nos ofrece con su *Manzano* solo tiene una dirección: si la seguimos, hay que temer caer en el malentendido. Es el hilo conductor de la llamada «buena pintura» como mito recuperado del optimismo de un pintor consagrado, y sin más problema que este. Por otra parte, entendemos que Pittino, tras una serie de renuncias, quiera ahora seriamente intentar resumir, hacer «toda» la pintura, atento exclusivamente a las sugerencias de una vocación privada de su vitalidad inicial; el escepticismo de la madurez no le proporciona, pues, otra ilusión que la de hacer un «buen cuadro»: pintura apriorística que quisiera ser canto y no pasa de ser romanza (como Verdi; Verdi, he aquí un descubrimiento del artista maduro entregado al optimismo). En el retrato aquí expuesto, las ansiadas ligereza y sencillez, cuya concepción caligráfica se aprecia en las pinceladas secas y densas, apenas visibles bajo el exceso matérico, en la composición realista y no poco ilustrativa, en los colores agrios y prosaicos, amenazan con convertirse en banalidad y vacío.

En cuanto a De Cillia, nos gustaría conocer algunos datos cronológicos, y si de ellos resultara que el retratito de Marisa es más reciente que las *Nature morte* expuestas en Tricesimo, no podríamos sino retirar de buen grado las reservas que tuvimos ocasión de formular sobre él (*Il Messaggero Veneto,* 21 de septiembre de 1947). La untuosidad (intemperancia semántica de tipo estético, materia demasiado suculenta, refinamiento provinciano) que advertíamos en aquellos bodegones aquí es absorbida por el constructivismo de la realización cromática, que inventa un pequeño mito: una figura diminuta llena de domesticidad, pero inmóvil y simbólica como un ídolo. Turrin, con esta obra suya no muy feliz, nos ofrece un pretexto del que (con su permiso) quisiéramos aprovecharnos para dar unos pasos atrás, o para ponernos de lado. En este lienzo, Turrin coloca a su modelo en una superficie, la proyecta en un cielo de solo dos dimensiones: esto se explica fácilmente por su lenguaje tonal, y cuando se diga que incluso en este caso sus notas no son más que tres o cuatro, pero suficientes para entonar una melodía triste y esencial, Turrin tendrá su propio discurso. Queda, pues, hacerse una pregunta fundamental que afecta a todos los expositores: tiene que ver con la relación entre un «género del retrato» de tipo heterónomo (psicológico ocasional, etcétera) y un «género del retrato» de tipo autónomo, es decir, encerrado en una duración puramente pictórica. (Nos permita el lector hacerle pensar en lo mucho de psicológico que hay en un objeto de Kokoschka, el último gran retratista; y que le sugiramos la absurda idea de un retrato de Morandi, con toda su duración pictórica sin fisuras: dos ejemplos).

Aquí, en la sala del Palazzo del Lionello, el naturalismo es la trampa que siempre funciona. Fíjense por ejemplo en Valenzin (otro premiado), cuyo intento de espiritualidad, sobre todo de tipo cromático, cae en el dogma, y cómo una cierta suficiencia, siempre pictórica, desemboca en un naturalismo sumario (el oído). Fíjense cómo en el *Ritratto di Mario* di Tavagnacco, una obra brillante, con colores intensificados por un acorde rotundo, el naturalismo encuentra la manera de romper esa red y salir maliciosamente con el rostro de Mario. Fíjense en el *Autoritratto* de Toso, que, entre los divertidos fondos, esta vez un poco al estilo de Guttuso, tiene también, en el lugar vital del rostro, su vacilación, su debilidad. Un ejemplo aún más clamoroso lo proporciona G. Morandi, en cuyos retratos la facilidad deformante que juega con el busto-naturaleza muerta con audacias neofrancesas se debilita un poco en el rostro, cayendo en un vago sentimentalismo, cuando no incluso en lo elemental y lo casual. El fino lienzo de Dri (cuya materia sorda, enrarecida y coagulada a la vez por el pincel desintegrador, tiene esta vez la coherencia de un lenguaje, y no de una mera escritura) encuentra su vacío donde debería estar la sutura entre las dos duraciones que mencionamos: es la genericidad, por otra parte declarada y no temida, con la que nos presenta su melancólico *A.*, y nos propone su leyenda. Esto no ocurre con Saccomani.

También encontramos una ecuación suficientemente feliz en Toniutti; una taracea de pequeñas zonas coloreadas con imaginación, que configuran una cabeza sólida, aunque no pasa de ofrecer una sonrisa estereotipada. Por otra parte, algunos artistas se han propuesto un ideal de origen naturalista, descriptivo, sin tergiversaciones, y, a través de una coherencia técnica bastante rigurosa, han fijado un retrato fiel en el lienzo. Es así en el *Autoritratto* de Mitri, un buen ejercicio a lo Cézanne, en el *Ritratto 1934* de Tramontin, casi retrospectivo; y sucede lo mismo con las divagaciones de Novati y Barbisan.

El problema del pacto entre la fisonomía y la duración pictórica es uno de los muchos, quizá no el más vital: aquí, a cincuenta y cinco retratos les corresponden al menos cincuenta y cinco aproximaciones a ese u otros problemas, si no es gratuito suponer que, en cada lienzo, en realidad en cada centímetro cuadrado de lienzo que despierte un mínimo de comprensión, está contenida toda la pintura, como una poderosa mina «siempre a punto de estallar». Pero es evidente que aquí, al margen de las distinciones entre escuelas e influencias y al margen de las repercusiones provincianas y tardías, nos movemos en la autonomía pictórica, en el plano de lo puro y de lo consciente, donde poesía, música y pintura encuentran un lenguaje común. Una vez acuñado un «valores cromáticos» como analogía de «valores fónicos» y un «cromema» que identificar pictóricamente con el «fonema», ¿cómo es posible que un pintor logre la pureza, la plenitud, es decir, una coincidencia que exista «antes», en la conciencia, entre el semantema y el cromema? Es obvio que, en la poesía, esta relación técnica solo tiene unas pocas direcciones, mientras que, en la pintura, precisamente por el peso y por la corpulencia de la técnica, este órgano hipertrófico, esas direcciones acaban por triplicarse, cuando menos. Por ejemplo: ¿habrá que inventar una nueva relación fantástica entre las cosas (mito) o habrá que inventar una nueva forma de pintarlas? En el primer caso, cualquier técnica es buena, incluso la más elemental, pero poco es lo pintable; en el segundo caso, todo es pintable, pero la técnica debe llegar a un término medio sin riesgos. Está claro que este segundo caso prevalece, por ejemplo, en De Pisis, quien ha descubierto efectivamente una nueva manera de pintar, y si bien ello ya no nos emociona mucho, es sin embargo cierto que en cada uno de nosotros existe una «idea», o más bien una «sensación De Pisis». (Dos de sus retratos aquí expuestos no son precisamente obras maestras, pero son dos cositas deliciosas, dos nubecitas; el tercero, un pequeño retrato de Bruno, es mediocre).

El segundo caso se aprecia, en cambio, en Afro: este Afro de 1944 (segundo premio de la Mostra) se mueve en una atmósfera que sigue siendo tonal

—el tono de los turquesas, violetas, verdes, blancos tenues—, pero es una tonalidad abierta, una combinación que incluso en su rigor tiene una calidad fantástica debido a las ventajas que da la suntuosidad matérica, inspirada en Mafai (romano). Es un lienzo vibrante, con una dulce calidez de empaste y una rica suavidad de pigmento; además, aquí están las prosaicas e irónicas variaciones de una deformación del dibujo: seguramente quede en nuestro recuerdo lo fantástico, mencionado como mito, que se retuerce deliciosamente en los anillos del humo crudo y aéreo de la pipa.

Al igual que De Pisis, Semeghini (primer premio) ya no es un nombre, sino un hecho; sus mitos (pueblos, muchachas…) pertenecen a la familia crepuscular. Por otra parte, es un hecho que no posee mucha resistencia y ama encerrarse en el paraíso exangüe de sus punzantes *charmes* lineales. Para seguir en el género, también Leoncini nos pinta una fábula, una fábula oscura y desolada: la sentimental del hombrecito fetiche que, angustiado, se esconde la cara entre las manos.

El mito de Anzil. Pero para Anzil tenemos que adoptar el lenguaje de «su» problemática (por fin con un esfuerzo de objetividad por nuestra parte, lo que nos alivia). No sabemos si Anzil hablaría de mito refiriéndose a sí mismo; sería en todo caso una cuestión de vocabulario. Lo que primero impacta al espectador ante uno de sus cuadros es un «todo» saturado de poeticidad; si al cabo esta poeticidad se consigue solo con medios plásticos, tanto mejor. También el de Anzil es un mundo crepuscular (y nos gusta su modo de expresarlo) que consiste en una simplificación por la que plasma en una figura o en un pueblo los límites de todo su mundo. La carga emocional se disuelve así, sin residuos, en una técnica desnuda, como en un espejo. Fondos amplios, colores llevados a un encendido íntimo pero fuerte, un ritmo de dibujo sin intermitencias: en la ejecución, se ve inmediatamente lo que Anzil quiere de sí mismo. Su principal problema es el de la luz; una luz que ve brotar del interior, incluso con forma («para él los objetos son astros, no planetas», como dijimos con motivo de la reciente exposición en Tricesimo); una luz, por tanto, poética e intelectual. (La «luz universal» del Renacimiento: he aquí el clasicismo de Anzil). Sin embargo, su característica íntima, particular, es una deformación, para entendernos, de la fórmula de Modigliani, discreta, pero necesaria, absoluta, una distorsión dolorosa, una ligera enfermedad inoculada en las formas. Esta luz que da cuerpo y esta deformación que inicia un discurso tenue hacen de la *Marisa* aquí expuesta una de las cimas de la exposición.

PINTAN EN SECRETO LA IGLESIA DE SAN EUGENIO[5]

Son las siete de la tarde. Valle Giulia está inmersa en la soledad apenas quebrada por el fragor de via Flaminia. Más oscura que la avenida y los prados está la mole de la iglesia que hay en construcción. Entras envuelto en la escasa y oscilante luz de una bombilla y delante se te aparece el caos: escombros, vigas, cemento, herramientas; una barricada en toda regla. Vive alrededor ya el sagrado y solemne silencio de las naves. Luego reparas en que la iglesia no está completamente abandonada, notas la presencia espesa de una vida: ruidos, rascaduras, suspiros. Y ves que ante los futuros altares han armado unos andamios cuidadosamente cubiertos con cartones y tela de saco. Por las junturas de los harapientos baldaquinos se cuela una luz amarillenta y secreta. Dentro, encapsulados como crisálidas en el capullo, trabajan los artistas. Notas su fatigar, su aplicación, su obsesión.

En el primer altar entrando a mano derecha trabaja Fazzini. Es el único altar no ocultado, aunque lo protege la red de un andamio sutil sobre el que, encaramado, el artista con su ayuda parece espulgar la gigantesca criatura que ha ideado y hecho espacio. Es una vastísima *Gloria della santa Cabrini:* dos estupendos ángeles adolescentes (que trasmiten la enjuta y ambigua gracia del Fazzini idílico) sostienen la base de la que emerge, encerrada en un esquema de (libérrima) inspiración berniniana, la composición; por lógica, representa la figura de la santa coronada por un gran ángel, fantásticamente limítrofe con los perfiles de nubes, con piedras marmóreas; un verdadero fantasma lleno de plasticidad. Así se expresa el contenido de lo sacro: no en el sujeto con sus datos formales exteriores, sino en la forma que parece liberarse del contenido, en una gratuidad de empuje que equivale al impulso religioso que la inspira y, por eso, auténticamente lo comunica.

En el segundo altar, por las rendijas de los andamios se entrevé un san Francisco bendecidor. Es obra de Domenico Rambelli, obra modesta pero sólida, más de artesano que de artista; no obstante, notable en su atónita sencillez. San Francisco desciende de un cielo de mosaico azul que surcará el vuelo de las golondrinas.

El altar contiguo está herméticamente cerrado. Es más, un cartel perentorio advierte: «PROHIBIDA LA ENTRADA». ¿Celos o pudor de artista? Allí trabaja Crocetti, en un gran mosaico. Respetamos el eremitorio y al alejarnos entrevemos en el cielo todavía prohibido a los profanos, serenamente inmaculado, agudas puntas aladas...

Llegamos al ábside, dejado de lado el espacio en el que trabaja Saetti. El ábside está vacío, es enorme. Acrobáticos andamios cubren la amplia bóveda. Para ver de cerca la obra de Ferrazzi, en lo alto, habrá que subir por las escaleras del campanario. Al llegar a la altura de la bóveda, desafiando el mareo, se gana la cornisa y se infiltra uno, indiscretamente porque Ferrazzi no está, en los andamios. La obra es todavía un inmenso fragmento; por lo que deja ver la penumbra, se trata de una exaltación de la Cruz. Se entrevén límpidas y grises figuras de hombres en una atmósfera tensa sobre la calma mortal del Calvario.

De vuelta de las alturas, vamos a curiosear por los altares laterales, donde trabajan dos artistas que, por carácter, parecerían los menos idóneos para «conjuntarse»: en la parte derecha, Avenali; en la izquierda, Ceracchini. El primero es el que lleva más retrasado el trabajo, el segundo el más adelantado. El primero es la imagen de la inquietud, el segundo de la serenidad. Avenali pinta las historias de san

Pedro y san Pablo; por ahora ha pintado solo una pared, con la decapitación de san Pablo, una composición verdaderamente dramática, inquietante. En un ambiente tempestuoso, mortificado y turbio, un grupo apuntado con negros contornos violentos hace de fondo (no sin una compacidad semejante a la de Masaccio) a la enorme mortaja del decapitado. Es obra muy moderna, uno cree que tiene un origen en *Gli uomini che si voltano* de Scipione, o en ciertas composiciones pirandellianas; expresionistas, en una palabra. A la inquietud y a la minuciosidad, Avenali suma un gran coraje.

Incluso Ceracchini es un «moderno», pero de otra clase. Acercándote a su altar, también allí lo primero que ves son puntas de alas; distraídamente, piensas un poco en Angelico y otro poco en Usellini. Luego, entras en la obra y quedas sobrecogido por el orden clásico, pero puntillosamente moderno, de este pintor. Crees que el esquema tradicional de sus composiciones (en el centro una *Gloria di san Giuseppe*, a los lados grandes alegorías del trabajo y de la familia) lo agrede el mordiente y la intensidad de un pintor nuevo.

Nos queda recorrer la parte izquierda que, por desgracia, está desierta; debemos conformarnos con detalles que se alcanzan tras maniobrar con escaleras de palo. Y admiramos una estupenda crucifixión de Manzù, pequeña, exquisita en su aparente rudeza. Un gran san Filippo di Messina ligeramente inclinado hacia adelante, en acto de bendecir, rígido en su dulzura y compasivo, lleno de aquella elegante solemnidad que es propia del estilo de este artista.

Más aventurera que todas, la escalada al taller del pintor portugués Martins Barata: aventurera en el sentido de que su arte nos ha sorprendido, tan al límite entre un nervioso Renacimiento italiano y una meticulosa ingenuidad propia de la pintura transalpina, quizá con una atmósfera más francesa que ibérica… No podemos preguntarle nada al autor, ausente. A no todos les llega la inspiración a la misma hora, claro.

Saetti, con su fidelísimo De Rocco, llegado desde el Friul para ayudarle en esta semana de crítica e intensa fatiga, hace con las manos, cuando se lo preguntamos, un gesto fragilísimo para explicar su trabajo y su secreta intención, un gesto que parece originarse en el centro de la mente, más allá de la frente y de los ojos, donde yace un poco de aquel rosa y de aquel azul que forman la mágica fiebre de su pintura.

Con aquel gesto tan frágil ves llenarse la pared de figuras: un Sagrado Corazón en el centro —esta imagen religiosa es bastante reciente, por lo que no la pintaron Masaccio, Rafael o Miguel Ángel y sí la bautizó en pintura Reni, y entró en la tradición un poco facilona del santo decimonónico—. Saetti ha compuesto una figura poderosa —incluso violenta, puro rojo sanguíneo— y también inoculada con aquella dulzura, y aquella fragilidad… Es el fresco que pinta Saetti —tan pingüe y seco, tan encendido y delicado—, con todas esas incrustaciones de colores ilógicos (una especie de aumentación de la pincelada impresionista) que construyen líricamente y crean una atmósfera que rapta todo con su dulce combustión.

Pero Saetti está descontento —como siempre—, vive un descontento obstinado y un poco pueril; parece que esté siempre buscando dentro de sí una coloración distinta, una pura esencia estética, intraducible, si no como en el simbolismo, sí quizá (por equivalencia) en una musicalidad paralela. ¿Cómo conciliar este fantasma con la realidad de la representación iconográfica? Esta es la inquietud de Saetti: un seguidor del poeta Pascoli en lucha continua con grandes poemas convivales. Por lo demás, se trata de una apuesta que este pintor de paleta exquisita ha hecho contra los grandes muros; y la ha ganado. De Rocco, con su sólido puño de friulano, es una ayuda preciosísima; sonríe tranquilo y abierto, en el andamio como en el puente de un velero.

LA PINTURA «DIALECTAL» [6]

Como fenómeno general, la poesía en dialecto es un fenómeno de provincias, y no en un simple sentido jurisdiccional, si podemos incluir una determinada Roma y una determinada Milán, que al mismo tiempo, en sus entornos no tradicionalistas y dialectales, son, acaso, provincias europeas. Esto significa, en otras palabras, que, como fenómeno general, la poesía en dialecto es un fenómeno de la pequeña burguesía. No del pueblo que, en las zonas deprimidas, en el sur o en la montaña, sigue teniendo una poesía «propia», popular, o, como lo expresa mucho mejor Menéndez Pidal, tradicional; por otro lado, en las zonas industriales o en la ciudad, en lo que a poesía se refiere, se vive enteramente bajo el dominio ideológico burgués. Nos referimos a esa pequeña burguesía posterior al *Risorgimento* que apareció con cierta esperanza de esplendor entre finales del siglo XIX y comienzos del XX, y que acabó siendo nacionalista o católica, y en torno a la cual se oyen, por parte de los partidos políticos interesados, las más diversas interpretaciones, desde la acusación de sordidez reaccionaria, hasta la exaltación de lo biempensante y del sentido del ahorro... En todo caso, para una mejor medida de su cultura y de su moral, creemos que es suficiente con señalar sus productos estéticos.

Para ver, mientras tanto, qué es y de qué mentalidad es fruto la poesía en dialecto «burgués» con respecto a la poesía en dialecto «popular», el lector puede valerse de los textos que se pueden encontrar, aunque no fácilmente, de ambas. Un ejemplo de esta comparación podría ser, por ejemplo, la región de las Marcas, con una colección «media» de poesía popular (A. Gianandrea, *Canti popolari marchigiani,* Roma-Turín-Florencia, 1875, a la que pueden añadirse los *Canti popolari di Valdolmo di Sassoferrato* editados por G. Vitaletti, Catania, 1940) y una colección igualmente «media» de poesía dialectal (G. Crocioni, *La poesia dialettale marchigiana,* Fabriano, 1934) que el mundo popular reduce moralmente a un documento de su propia coacción sobre sí mismo, del sentido común conservador, y lo representa estilísticamente mediante la fácil e hipócrita técnica del cromatismo puro.

Los *macchiaioli*[7] son exactamente, en una geografía como la que hemos esbozado, los equivalentes a esos poetas dialectales: dialectales en sí mismos, en relación con el lenguaje que, en aquella época, no podía ser otro que el del Impresionismo. Pero dialectales «toscanos», es decir, no excesivamente descentralizados —en los mejores y más rigurosos casos— de aquella lengua de la que eran hablantes tardíos y periféricos: es decir, provincianos; y para dar con la correspondencia pictórica de la poesía de Fucini y de los fucinianos, no se podría encontrar ciertamente una técnica más pertinente que la de los *macchiaioli*. La pintura napolitana de la misma época tiene raíces «regionales» diferentes, pero también tiene relación con una «lengua» central, que podría ser la del verismo hasta cierto momento y, más adelante, la del decadentismo de D'Annunzio (siempre con vínculos sensuales con el folclore, *Le novelle della Pescara, La figlia di Jorio,* que reproduce casi literalmente los versos de una *Passione* popular de los Abruzos). Comparemos a Gemito y a Ferdinando Russo: veremos cómo coinciden estilísticamente allí donde el verismo llega a las minucias fotográficas, pero, precisamente en el exceso de fidelidad a los objetos —abundantes, al mismo tiempo, de color local—, supera su propio límite sensorial y empírico.

La coincidencia —y es natural— siguió produciéndose en el siglo xx, en el que hubo un número considerable de pintores, incluso no malos, que trabajaron en los márgenes de la pintura central Milán-Florencia-Roma: los hubo, de hecho, en la «región», lo que implica una diversidad no solo de contenidos, sino también, a la manera de Croce, de tonos. Tomemos como ejemplo a Semeghini, también muy cercano al «centro», e indudablemente «contemporáneo», aunque el Véneto que representa es dialectal, no solo por el contenido objetivo de las figuras y los paisajes, sino también por el tono (digamos, de un postimpresionismo crepuscular) con el que lo representa. Podría ser, en definitiva, el equivalente del dialectal triestino Virgilio Giotti, que también tuvo una educación «central» (la revista *Solaria*) y, sin embargo, fue periférico hasta el dialecto, es decir, hasta la elaboración de los motivos de la poesía contemporánea escrita en lengua culta en un tono que ya no era del todo contemporáneo. El lector podrá continuar la sinopsis por su cuenta, hasta la Roma de Gentilini y Dell'Arco, o el Milán de los expresionistas y de Tessa, para tomar nota de un hecho (de cuyos productos estéticos, en un juicio de valor, se puede dudar; y nosotros, los alumnos de Longhi, estamos entre los que dudan) que constituye uno de los momentos objetiva y cuantitativamente más importantes de nuestra cultura.

LA PINTURA DE ZIGAINA[8]

En otro lugar (y allá por el lejano 1947 o 1948) intenté explicar en términos críticos el fenómeno estilístico de Zigaina en el momento en que empezaba a tomar forma; y en otro lugar aún (en *Officina,* en un número de julio de 1955) intenté contar su historia, en términos afectivos, con un breve poema que, en nombre de nuestro amor común, se titulaba *I campi del Friuli.* Ahora, con ocasión de esta exposición, siento que, como historiador de mi amigo, tal vez pueda liberarme de la urgencia inquieta y casi encarnizada del análisis, tanto estilístico como afectivo. No es que, ante sus últimos lienzos, tenga uno la impresión de una maduración total y, por tanto, de la conclusión de un ciclo de investigación que ya suma una década. Por el contrario, el afán, la violencia y la ingenuidad del Zigaina joven permanecen intactos. Pero precisamente por estas cualidades es posible observar su pintura no como una fenomenología asombrosa sino como una morfología casi absoluta. El crítico casi podría ser sustituido por el gramático histórico. De hecho, si queremos establecer una línea normativa de esta pintura, una «ley», basta con poner uno de los cuadros de 1947 al lado de uno de los recientes: la evolución ideológica, y por tanto formal, se hará evidente de inmediato, y no será difícil hacer una historia crítica de la misma. Sin embargo, «algo» en los dos lienzos parecerá idéntico: contrariamente a la diferencia, esta identidad —perteneciente a la naturaleza, no a la historia— requiere, para ser comprendida, una reserva de inefabilidad y un consiguiente e irracional acto de simpatía. Sin salir de la terminología de un territorio técnico cercano al de la crítica de arte, diríamos que el lenguaje de Zigaina es del tipo que suele definirse como «particularista» —intermedio entre la presión de la corriente decadente-expresionista y la presión de la corriente progresista-realista— y expone sus propios «particularismos», por definición de carácter conservador, a contaminaciones e innovaciones que han acabado con su pureza. De hecho, toda la pintura de Zigaina vive bajo el signo de la contaminación: de un «pastiche» que no es irónico, sino terriblemente serio. En ninguna otra pintura se pueden analizar elementos tan diferentes y contrarios como en la suya; sugerencias tan descubiertas; objetivos tan poco realistas. Sin embargo, las presiones que ejercen sobre él las dos principales corrientes pictóricas (con implícitas ciertas fases de las tradiciones inactivas, con excepción de una exhumación deformante) se limitan prácticamente a enriquecerlo en el sentido de la cantidad, en el sentido de la ampliación léxica y morfológica. Porque el «tono» de su particularismo lo absorbe todo. Dicho particularismo se presenta principalmente como una tendencia «natural» al realismo; un realismo, queremos decir, de carácter preideológico, ingenuo. Si luego se ha ido adaptando, idealmente, a través de una serie de «diferencias opcionales» (derivadas de una elección heterónoma con respecto a la pintura), a un realismo ideológico —y en este caso político—, pues mucho mejor; en cualquier caso, si el pastiche, la contaminación suntuosa y poderosa está implícita en la operación, es un componente de un excepcional manierista del siglo xx. Pero aquí, lejos de la historia y de la cultura, al enfrentarnos al fenómeno psicológico «natural», el *individuum* irreductible, del que emana el «tono» de Zigaina, no podemos sino hacer una declaración de impotencia, cuando no de agnosticismo. Es aquí donde, siguiendo a Longhi, la crítica de arte debería transformarse en una transcripción artística y recrear la estupenda serie de mañanas y crepúsculos, veranos e inviernos, en los que se expone el mundo friulano de Zigaina, en una expresividad incluso demasiado evidente, cargado de árboles, márgenes, canales y llanos valles surcados por acequias devoradas luego por el mar lejano, poblados por jornaleros cuyo silencio, tan espeso como el de la campiña empapada o bañada por el sol, tiene la fuerza de un fuerte clamor. Pero centrados todavía en los efectos externos y esquemáticos de la inventiva de Zigaina, tendremos que concluir, para explicar su éxito, que la relación que establece Zigaina con quienes observan sus cuadros pertenece precisamente a la de los actos irreductibles de su prehistoria: está en la línea de la expansión, de una generosidad instintiva más que moral. En su lenguaje, los caracteres expresivos parecen prevalecer siempre sobre los instrumentales, técnicos e incluso artísticos. Zigaina involucra al espectador de su lienzo en la felicidad expresiva que lo ha producido, lo hace partícipe de su inspiración, siempre alegre y sensual. Y, por tanto, si su realismo ingenuo lleva implícito un impresionismo ingenuo, en cuanto violencia y entusiasmo íntimo, no hace sino testimoniar y comunicar su amor.

ARTE Y DIVULGACIÓN⁹

La idea más común que se tiene de la traducción es que se trata de un acto absolutamente aproximativo, de una reducción, mercancía no solo secundaria, sino también truncada por un renacer imprevisto causado por la presencia, aunque sea discreta, del gran fantasma de lo inefable.

Por regla general, lo que justifica hacer una traducción es la necesidad informativa. Hay una muestra enorme de traducciones de esta clase, desde traducciones de carácter científico y universitario hasta traducciones de carácter diletante y comercial.

Pero hay otra manera de traducir en la que, a la función divulgativa (muchas veces comisionada), se suma la intención de hacer poesía, o mejor dicho, de rehacerla. En la zona elevada del oficio, tal intención se concreta, *tout court,* en una adecuación del texto traducido al lenguaje del traductor en cuanto él también poeta: una especie de regeneración. Ejemplos típicos: el Homero de Monti, los románticos de Carducci, los griegos de Quasimodo.

De aquí la necesidad de afinidades electivas, de misteriosas correspondencias históricas, no solo entre poeta-traducido y poeta-traductor, sino entre época literaria y época literaria.

El siglo XX italiano se ha caracterizado por semejante tipo de traducción: gratuito por cuanto las afinidades y correspondencias implicaban con frecuencia un error historiográfico, y la iniciación jergal del hermetismo llevaba a su terreno la operación de traducir, que en tal caso era un acto crítico, sí, pero con una crítica comprometida e involucrada, tal y como era la crítica hermética.

Pero analicemos mejor los dos tipos de traducción, el que podríamos llamar práctico y el artístico. En sus mejores muestras, naturalmente, nos servirán de paradigmas. El primero lo adscribimos a un profesor universitario, el segundo a un poeta.

Puestos los textos en la mesa de trabajo, advertiremos (ante todo) que tienen una característica en común: la de pertenecer, aunque sea de manera diferente y con mayor o menor evidencia, a una tradición particular: «la tradición de la traducción». Que se presenten —todas las veces que un traductor, en épocas diferentes, traduce— dificultades y circunstancias objetivamente semejantes, con fines y estados de ánimo semejantes, ha acabado por crear una convención, un idioma particular para traducir.

Pero es importante también una segunda característica común a los dos tipos de traducción. Se trata de una necesidad evidente —en el primer caso obvia, en el segundo reveladora— de espíritu filológico, que el universitario resolverá en notas a pie de página, en interpolaciones en prosa cercanas a la dignidad del texto original, y que el poeta resolverá intuitivamente (es posible que, si se trata de poetas contemporáneos, con un simple proceso fonético) mediante una invención «vivaz» del vocablo en el que coagula toda una complicada duda semántica.

Todo esto evidencia que la traducción es, explícitamente o implícitamente, sobre todo un hecho historiográfico.

Siempre, prácticamente, leer es traducir, queremos decir incluso leer la lengua materna, si una absoluta contemporaneidad entre escribir y leer es imposible, y, si lo fuese, la lengua del escritor sería siempre diferente de la lengua del lector. Para este, el esfuerzo de comprender lo que lee y lo que ve consiste, por tanto, en el esfuerzo de darle un marco histórico al lenguaje de la poesía; es decir: traducirla a la suya, instrumental y actual.

Está claro que lo que intentamos demostrar aquí es la intraducibilidad interna de cualquier texto, de alejar el espectro de lo inefable. Una lengua nacional (¿es necesario repetirlo?) es un producto histórico y, por tanto, racional: la pronunciación como una proyección de un «etnos» puro e incognoscible nos parece una noción sórdidamente romántica y racista. Como mediante un esfuerzo historicista podemos leer (es decir, traducir) los clásicos italianos en italiano moderno, así podemos hacer con los franceses o con los ingleses. El hecho de que el esfuerzo historicista sea infinitamente más difícil y complejo no muta, en sustancia, los términos del problema.

Es cierto, no hay que olvidar que el momento de la poesía sería heroicamente el momento de la «fantasía», o sea, el momento prehistórico del hombre. Recordemos, a propósito, un estupendo estudio de Contini en el que analizaba el estilo de Petrarca, y lo hacía en términos rigurosamente científicos, incluso con definiciones en cursiva, que quitaba a ciertos procesos de la lengua petrarquista los efectos sublimemente irracionales. Ante algunos «tonos», no obstante, el crítico debía darse por vencido y constatar la inefabilidad que, aún así, era advertida y aislada, transportada a un acto intuitivo de comprensión. Lo que no quita que la poesía de Petrarca sea posible aceptarla y adoptarla plenamente en nuestra historia. Si un poeta (no digamos un profesor) está condenado a fracasar cuando practica la traducción, todos los textos (no obstante) siguen siendo fundamentalmente traducibles, pues el traducir no es sino la forma literaria del conocimiento.

ROBERTO LONGHI,
DE CIMABUE A MORANDI[10]

Cuando pienso en la pequeña aula (con pupitres muy altos y una pantalla detrás de la cátedra del profesor) en la que asistí a los cursos que dio Roberto Longhi en Bolonia en 1938-39 (¿o 1939-40?), me parece estar pensando en una isla desierta en medio de una noche ya sin luz. Y también Longhi, que venía, hablaba desde la cátedra y luego se iba, tiene la irrealidad de una aparición. De hecho, «era» una aparición. No podía creer que, antes y después de hablar en aquella aula, él tuviera una vida privada que garantizara su normal continuidad. En mi inmensa timidez de adolescente de diecisiete años (que aparentaba siquiera tres menos) ni siquiera me atrevía a abordar semejante cuestión. No sabía nada de cargos, carreras, intereses, traslados, cursos. Lo que decía Longhi era carismático. No significa nada que, instintivamente, también me intrigara la persona, que, a su vez, se sentía un poco intrigada por mí, o que yo sintiera por él una profunda simpatía (en parte recíproca, creo). La relación era ontológica y negaba absolutamente cualquier detalle práctico. Quizá también por eso «todo ello» pertenece a otro mundo. Solo más tarde intenté alguna reconstrucción, pero nunca perdí la timidez hasta el punto de hacerlo con un verdadero sentido práctico y una verdadera capacidad de romper el diafragma idealista que me separaba del maestro. Después, se puede decir que nos hicimos amigos, aunque no nos frecuentamos mucho. Longhi se convirtió en mi verdadero maestro mucho más tarde. Entonces, en aquel invierno boloñés de la guerra, fue simplemente una «revelación».

¿Qué hacía Longhi en aquella aula aislada y casi inalcanzable de la universidad en via Zamboni? ¿Hacía «historia del arte»? El curso memorable fue el que dio sobre *Fatti di Masolino e di Masaccio.* No me atrevo aquí a entrar en detalles. Solo quiero analizar mi recuerdo personal de aquel curso, que es, en definitiva, el recuerdo de un contraste o una clara comparación de «formas». En la pantalla se proyectaban diapositivas: cuadros enteros y detalles de las obras, realizadas al mismo tiempo y en el mismo lugar, de Masolino y de Masaccio. El cine «cumplía su función», aunque solo fuera como una mera proyección de fotografías. Y cumplía en el sentido de que un «encuadre», que representaba una muestra del mundo de Masolino —con esa continuidad propia del cine—, se «oponía» dramáticamente a un «encuadre» que representaba a su vez una muestra del mundo de Masaccio. El manto de una Virgen sobre el manto de otra Virgen, el primer plano de un santo o de un transeúnte sobre el primer plano de otro santo o de otro transeúnte… El fragmento de un mundo formal se oponía así física y materialmente al fragmento de otro mundo formal: una «forma» a otra «forma».

Gianfranco Contini —¿debo confesar que a través de él Longhi se me reveló como mi verdadero maestro?— ha reunido ahora en un volumen de 1139 densas páginas, que normalmente serían al menos el triple, una antología de los escritos de Longhi, incluyendo, por supuesto, los *Fatti di Masolino e di Masaccio;* ha escrito el prefacio, enriquecido con un compendio crítico sobre Longhi (Cecchi, Contini, De Robertis, Mengaldo) y por una magnífica Nota bibliográfica general. En una nación civilizada esto debería ser el acontecimiento cultural del año. Sí, pero el Arte no es «control administrativo de la vida» (como reza la definición burlona de los «filisteos» que hizo Longhi ¡en 1913!).

Debo decir que, a primera vista, hojeando el libro, observando «cómo se hizo» y leyendo aquí y allá, la obra de Contini me generaba dudas, justamente sobre cosas que él ya había previsto que generarían quejas, a saber: la falta de reproducciones de los cuadros a los que se refieren los ensayos de Longhi; la sucesión no cronológica de los ensayos (el que he citado, de 1913, es uno de los últimos), que obliga al lector a reconstruir muy laboriosamente por sí mismo lo que más le importa, es decir, la historia del estilo de Longhi; finalmente, la estructura mental que genera esta sucesión de ensayos, que es la estructura de una «historia del arte italiano» a la que Longhi era profundamente (pero también —hay que decirlo— ambiguamente) ajeno: de tal manera que el lector se ve obligado a seguir lo que en realidad menos le importa, o sea, una «historia del arte italiano».

En el prefacio, Contini no ha defendido lo que ha hecho con su habitual elegancia hipnótica y su sonriente infalibilidad, de modo que es el lector quien tiene que enfrentarse al texto, encarándolo prácticamente sin ninguna ayuda, sin preparación y sin método. Es una aventura. La primera clave de lectura es obviamente la de «Longhi prosista», o más bien de «Longhi prosista al menos tan bueno como Gadda». De hecho, la primera continuidad del libro se debe precisamente a los textos en los que la grandeza de Longhi como prosista se manifiesta en toda su rebelde inspiración. El primer canon de dicha prosa es la reticencia. Al leer al Longhi prosista no se olvida, ni por un momento, al Longhi crítico, siempre arriesgadamente comprometido con hipótesis, descubrimientos, reordenamientos, atribuciones, cuya base es «siempre» la lectura del cuadro y «nunca» la lectura de los documentos que conciernen al cuadro, y que pueden, por tanto, dar información objetiva sobre el cuadro. Al atribuir un cuadro a un autor, o incluso al reconstruir la personalidad completa de un autor (como en una sorprendente novela policíaca), Longhi nunca recurre a datos externos, filológicos. Se ciñe estrictamente a la lógica interna de las formas. Por tanto, el riesgo es siempre enorme. De ahí la precaución y, por ende, la ironía. En la prosa de Longhi, el producto directo y formal de su reticencia (precaución más ironía, mayéutica) es el «escorzo». Todas las descripciones que Longhi hace de los cuadros que examina (y son, por supuesto, los puntos álgidos de su «prosa») son escorzadas. Incluso el cuadro más sencillo, directo y frontal, «traducido» en la prosa de Longhi, se ve de forma oblicua, desde puntos de vista inusuales y difíciles.

La introducción del «escorzo» es lingüísticamente una hipótesis, o una exhortación, o una cláusula final (la solución del llamado teorema, pero nunca triunfalista). Lanzadas por casualidad, alegremente,

como mera función de una hipótesis o mera conclusión de una línea de razonamiento, las descripciones
de los cuadros (o, más bien, «de la realidad» repre-
sentada por esos cuadros) acaban siendo dolorosa-
mente precisas, visionarias.

Al seguir la investigación vital, estimulante, tenaz y obsesiva de Longhi —que consiste básicamente en hacer coincidir la verdad crítica con los
distintos aspectos que la realidad debía adquirir en
los pintores a lo largo de los siglos— se revela, poco
a poco, el sentido oculto de este libro. Un sentido al
que debe predicarse sin duda una continuidad, que,
sin embargo, no es solo la continuidad de la serie de
resultados a menudo supremos de la expresividad
(de la «prosa»).

La continuidad del sentido de este gran libro de
ensayos consiste, creo, en una «historia de las formas»: la historia como evolución, pero en el sentido puramente crítico, vital y concreto de la palabra.
Dicha evolución es muy lenta: sus pasajes tienen un
ritmo casi de «cámara lenta», aunque su sucesión es
lógica hasta la fatalidad. Pero supongamos que estas
formas evolutivas —en lugar de vislumbrarse a través de los ápices descriptivos del discurso de Longhi, que llega a ser casi proustiano en su «investigación»— se nos presentaran materialmente a través
de las diapositivas que he mencionado al recordar

el mítico curso de Bolonia. Y supongamos que el proyector pudiera darle a la sucesión de estas diapositivas el ritmo de la más cómica aceleración: he aquí que el sentido de la «evolución» de esas «formas» aparecería sintético, casi en una continuidad imparable, mecánica.

Supongamos ahora que estas diapositivas representen, en detalle, la «forma» de los pliegues del manto de la Virgen sobre la rodilla o sobre el regazo, o la «forma» de un pequeño paisaje en el fondo; o la «forma» del rostro de un santo o de un devoto; y carguemos en el proyector, primero, la diapositiva de una «forma» de Cimabue (o de Giotto «espacioso»,[11] o de Stefano Fiorentino), y, por último, digamos, una «forma» de Caravaggio. Hagamos que se acelere la proyección. Y he aquí que, ante nuestros ojos, la «evolución de las formas» aparece como una maravillosa película crítica, sin principio ni fin, y sin embargo perfectamente escatológica. El todavía ingenuo Longhi de *La Voce*,[12] escribiendo a Alba (el 18 de marzo de 1913), ya lo había intuido todo: «Cada vez que el arte llega a una saturación de estatismo, de corporeidad, se añade —ya sea combinándose o imponiéndose— la búsqueda del movimiento. Muy comprensiblemente, esto es lo que los griegos representaron para los egipcios, los godos para los romanos, la arquitectura del siglo xv para la de la

Antigüedad, la arquitectura barroca para la del Renacimiento… Y bien: el problema del futurismo frente al cubismo es el del Barroco frente al Renacimiento. El Barroco no hace más que poner en marcha la masa del Renacimiento… una gruesa y fuerte mesa de piedra se dobla bajo la presión de una fuerza gigantesca… Al círculo le sucede la elipse…».

Desde entonces, Longhi solo se ha preocupado, íntimamente, de observar esta «sucesión». Dado que se trata de una sucesión desinteresada, absolutamente desprovista de utopías e ilusiones o de terrorismos progresistas, y dado que el objetivo se autoconstituye y se autodefine, en sustancia, momento a momento, acto a acto, invención concreta a invención concreta, la crítica de Longhi solo puede ser de una pureza extrema, perfectamente contemplativa. Solo hay una ilusión, y no tiene nada que ver: la de la posibilidad de expresar la realidad indefinidamente, a través de una serie de dramáticos redescubrimientos (¡véase Caravaggio!); todas las demás son pequeñas ilusiones históricas, más o menos serviles, más o menos hipócritas. Las maravillosas capacidades histriónicas de Longhi, sus severas orfebrerías, no son nada comparadas con su lúcido y humilde ascetismo de observador del movimiento de las formas.

¿QUÉ ES UN MAESTRO?

¿Qué es un maestro?

En primer lugar, únicamente «después» se comprende quién ha sido el verdadero maestro: por tanto, el significado de esta palabra se anida en la memoria como reconstrucción intelectual, aunque no siempre racional, de una realidad vivida.

En el momento en que un maestro es efectiva y existencialmente un maestro, es decir, antes de ser interpretado y recordado como tal, no es, pues, un maestro en el sentido real de esta palabra.

Ha de vivirse, y el conocimiento de su valor es existencial.

Longhi era sencillamente uno de mis profesores en la universidad, pero el aula donde enseñaba era un lugar distinto a cualquier otro, fuera de la entropía escolástica. Estaba lejos de todo y aislado. En el centro de este entorno «diferente» (por razones funcionales: la posibilidad de proyectar diapositivas, etcétera) había un hombre que en realidad era verdaderamente un hombre. Quiero decir que la humanidad de sus colegas más modestos salía, si hurgabas bajo una gruesa corteza profesoral, como una fraternidad áspera y tosca, una pobre humanidad diurna y pequeñoburguesa, carne débil (quizás fascista).

No: Longhi era hombre antes que profesor (es decir, maestro), precisamente porque en él no había nada profesoral que necesitara ser desenvuelto para poder encontrarse con el hombre: era inmediatamente lo que era, es decir, un hombre superior; es decir, era un hombre en tanto que superhombre, en tanto que ídolo, en tanto que personaje de *Commedia*. Para un joven, tratar con un hombre así suponía el descubrimiento de la cultura como algo distinto a la cultura escolar. Un profesor es un hombre alienado por su profesión, una autoridad que, en el mejor de los casos, se quita la primera máscara autoritaria para dejar al descubierto una segunda, la de empleado. La cultura, en cambio, pone en el rostro del hombre una máscara que se encarna en ella y ya no se puede quitar: una máscara tan misteriosa como lo es la humanidad cuando se expresa, y no se queda obtusa y mezquina y cobarde en su comportamiento, en su código, en su convención, en su sociedad. Longhi se mostraba como se blande una espada, desenvainada. Hablaba como nadie, con un léxico que era novedad. Su ironía no tenía precedentes. Su curiosidad no tenía modelos. Su elocuencia no necesitaba justificación. Para un joven oprimido, humillado por la cultura escolar, por el conformismo de la sociedad fascista, aquello era la revolución. El joven balbuceaba cuando hablaba con el profesor. La cultura, que el maestro revelaba y simbolizaba, se presentaba como una alternativa a toda la realidad conocida hasta entonces.

EL MONGOLOIDE EN LA BIENNALE ES EL PRODUCTO DE LA SUBCULTURA ITALIANA[14]

Hace unos doce años, en la Italia literaria surgió el movimiento de la neovanguardia. Se trataba de un movimiento que reaccionaba contra el «compromiso político» que había estado de moda la década anterior: reaccionaba en nombre de un nuevo tipo de vida y de relación con la sociedad. Ya no había pobreza, había bienestar; ya no había amo, sino el técnico, etcétera. La integración era algo terrible, por lo que era mejor soportarla con cinismo y elegancia. La neovanguardia aceptaba los nuevos valores, aún no definidos, del neocapitalismo, y estaba al servicio del neocapitalismo que destruía —en el ámbito lingüístico y en el literario— los valores clásicos del capitalismo.

La gran revolución «interna» del capitalismo, iniciada a comienzos de los años sesenta —cuando la civilización burguesa se renovaba, planificando una especie de palingenesia—, había encontrado sus servidores —como de costumbre, imbéciles y alborotadores— en los literatos de la neovanguardia. La primera preocupación de estos literatos fue despojar de todo valor —hasta el descrédito total— a los literatos de la generación anterior, que seguían atados tanto a la tradición clásica como a la reciente, y que seguían cumpliendo ingenuamente su función de «bufones de la corte» (tanto del poder burgués como de la oposición).

Luego llegó 1968: la revuelta estudiantil arrasó y destruyó la neovanguardia (pese a que esta, con cinismo, se adhiriera y confundiera con el movimiento estudiantil). La nueva izquierda que pareció nacer con la nueva revuelta se presentó, en el campo literario, como interesada estrictamente en el contenido y en la utilidad: así, impugnó la «falta de compromiso» de la neovanguardia sin ni siquiera tomarla en consideración ni cuestionarla —tan marginal y frívola les parecía—, y pareció volver a la anterior idea literaria de «compromiso», pero con una radicalidad tosca, tanto que era incluso una actualización del zhdanovismo.

Desde este punto de vista maximalista, los estudiantes también rechazaron el «compromiso» histórico de los años cincuenta por considerarlo ambiguo, débil e involucrado tanto con el poder como con la oposición tradicionalista al poder. También para los estudiantes de 1968 la primera preocupación fue despojar de todo valor, desacreditar completamente, a los representantes de la cultura establecida, al margen de valores particulares, personales o intrínsecos. La cultura tradicionalista (sea de tradición clásica o reciente) —en sí misma y en sus exponentes— se vio así doblemente desacreditada y despojada de su valor en el espacio de una década. Los puntos de vista desde los que se la criticaba «globalmente», hasta su total desprestigio, eran diametralmente opuestos, pero el resultado fue el mismo.

Al llevar a cabo una revolución puramente verbal, la neovanguardia le hacía el juego a la nueva burguesía, que quería deshacerse de la vieja basura clasicista, incluidas sus nuevas formas (además «comprometidas»). Pero los estudiantes, sin saberlo, jugaron al mismo juego: no hicieron más que devaluar y desacreditar lo que el poder llamaba «cultureta».

Pero este no es el único punto que une la revolución fatua, arribista y puramente literaria de la neovanguardia con la revolución neomarxista del 68. Lo que tienen en común estas dos «revoluciones» es también el lenguaje crítico, igualmente tomado de la sociología y de las ciencias humanas, del mundo neoburgués.

Esta identidad del lenguaje ideológico ha permitido una suerte de amalgama entre la neovanguardia y el movimiento estudiantil: es decir, ha permitido a los neovanguardistas no comprometidos políticamente pasar desenfadadamente a las filas de los estudiantes, que sí están comprometidos, y ha permitido a los estudiantes utilizar nuevos argumentos ya preparados contra el «compromiso» de los viejos. Esta amalgama —completamente absurda— de la neovanguardia y el movimiento estudiantil se debe, por un lado, al cinismo de los neovanguardistas (o a su neurosis) y, por otro, a la ignorancia literaria de los estudiantes.

¿Cómo reaccionó la subcultura italiana a todo ello? Con el habitual conformismo y con la habitual y total incapacidad crítica normal en toda subcultura; es decir, ha aceptado el chantaje de la actualidad y de la moda.

Por tanto, al comienzo aceptó la devaluación de la cultura italiana llevada a cabo en el ámbito puramente literario por la neovanguardia (justificando dicha devaluación como un hecho histórico tendente a la revisión de valores). Luego, aceptó la devaluación de la cultura italiana llevada a cabo en el ámbito ideológico y político por el movimiento estudiantil (sucumbiendo al terrorismo de la operación).

Hoy, por tanto, todo se presenta como «devaluado». Es cierto que, entretanto, las razones de la neovanguardia han pasado de moda, y ya no son actuales; y es igualmente cierto que han pasado de moda y ya no son actuales las razones del movimiento estudiantil. Sin embargo, la subcultura italiana ha «cristalizado en la devaluación» llevada a cabo, por razones muy distintas, tanto por la neovanguardia como por el movimiento estudiantil: y lo ha hecho por razones propias, que le son históricamente pertinentes: a saber, la indiferencia. Lo que la neovanguardia, primero, y después el movimiento estudiantil redujeron a cero, se ha quedado en cero dentro de la subcultura pequeñoburguesa italiana, la cual, contenta con ello, ha asumido el fácil antitradicionalismo de la neovanguardia y, al mismo tiempo, el pragmatismo y el utilitarismo (que tan congeniales le son) del movimiento estudiantil.

Todo momento cultural tiene su propia idea —tal vez no descriptible— de la obra de arte. Hoy, cuando todos los valores se han reducido brutalmente a cero, ¿cuál es la idea de la obra de arte que vive en la cabeza y en la escatología crítica de la subcultura italiana? Respuesta: una fusión entre la idea de la neovanguardia (experimentalismo absoluto, literario hasta lo ilegible y lo inservible) y la idea del movimiento estudiantil (el más legible y servible de los contenidos); una fusión simplemente monstruosa.

Esta monstruosidad afecta a cada momento de la vida italiana en los últimos años. De hecho, esta monstruosidad, como fusión —implementada en la subcultura histórica— de dos puntos de vista culturales inconciliables, se manifiesta en la vida cotidiana, más allá de la literaria. Tomemos el caso extremo del provocador, una figura que hasta hace unos años era inconcebible, al menos en esta forma tan impresionante numéricamente. Esta figura es posible gracias a que existe un punto común entre fascistas e izquierdistas, entre indiferentes y marxistas, por lo que incluso físicamente el provocador puede ser acogido y aceptado en cualquier parte, al ser el producto de una confusión que mezcla monstruosamente las posturas más distintas. El caso de Gino De Dominicis es el típico producto de esa monstruosa confusión: de hecho, puede considerarse una metáfora. Mezcla la provocación de la neovanguardia —el arte pop llevado a sus últimas consecuencias, etcétera— y la provocación neomarxista de los grupúsculos, la denuncia vaga y verbalista igualmente llevada a sus últimas consecuencias. El joven subnormal que expuso es viva demostración de la idea de obra de arte que actualmente determina los juicios del mundo cultural (subcultural) italiano.

LA PINTURA DE CARLO LEVI¹⁵

Yo también, por las habituales vicisitudes, he visto la exposición en el último momento.

Estuve una hora deambulando por las salas, y observé intensa y dramáticamente, dramáticamente… Como todavía estoy bajo el *shock* de este dramático encuentro con la globalidad de la pintura de Carlo Levi, les haré por tanto una breve descripción (lo más breve posible, y desgraciadamente caótica) del drama sufrido en la exposición.

La primera impresión que uno tiene al entrar es de normalidad… Luego, poco a poco, por acumulación y por iteración, que son quizás las dos características estructurales continuas y más típicas de la obra de Levi, la normalidad empieza a ser bastante anormal. Sin embargo, en el sentido amplio de la palabra, sigue siendo normalidad, porque nos encontramos ante una pintura que quiere ser solo, y profunda y totalmente, pintura. Tal vez no habría pronunciado este discurso hace diez, quince o veinte años, cuando ya conocía y admiraba a Levi, pero es históricamente necesario y curiosamente correcto que lo haga ahora.

Nos hemos desacostumbrado a vernos ante una serie de cuadros como estos de Levi, en los que la pintura se proclama a sí misma totalmente. Estamos ante pinceladas a veces espumosas, a veces escasas de color y, por tanto, absorbidas por el lienzo; nos encontramos con el problema de la relación entre fondo y contorno; nos encontramos con contornos que llegan a ser tan dramáticos que pierden su sentido semántico reconocible en la realidad y adoptan otros; árboles que parecen mujeres, mujeres que parecen árboles, etcétera.

Nos enfrentamos a una materia que ahora es grave, casi maloliente, ahora sutil y casi etérea. Estamos ante una serie de amores culturales, todos extremadamente pictóricos, de Carlo Levi. Yo diría que el símbolo de esta pintura-pintura es la obra *Il Narciso,* que, como me dijo Levi, es un narcisismo singular. No se puede hablar de un narcisismo de Levi; de hecho, Attardi habló de una serie de retratos. Básicamente, todos estos retratos son autorretratos, y ¿qué es esta acumulación de autorretratos sino una forma maravillosa y resplandeciente de narcisismo? Pero este narcisismo de Carlo Levi se ha ido convirtiendo en su pintura en una estructura mental, es decir, *Il Narciso* que Carlo Levi ha pintado ya no es él mismo, sino el Narciso que, al descubrir la imagen de sí mismo, se descubre objetivamente, y descubre la objetividad de la realidad. Levi ha podido pintar de esa manera porque ha creído que a través de la pintura podía presentar la realidad, una realidad descubierta de forma narcisista y al mismo tiempo objetiva, por tanto, de una manera ambigua y curiosa, extremadamente dramática y fascinante. Esta es la primera impresión que se tiene al entrar en esta grandiosa exposición.

Sin embargo, hay algo que contradice todo lo que he dicho hasta ahora. ¿Y cuál es esta extraordinaria contradicción que hace dramático enfrentarse a esta exposición? Es la presencia en su pintura (tan completamente pintura, como les decía) de algo que, en cambio, no es pintura. No digo que no sea pintura en el sentido de contenido —no estoy oponiendo un contenido a una forma pictórica, no—, sino en el sentido de algo que no es pintura en la esfera formal de la pintura; es decir, que hay errores. Aquí he hecho una pequeña lista, quizás recuerden alguno si se la leo. Hay un muchacho con un brazo vendado junto a un burro: un cuadro precioso, pero la venda, el vendaje del brazo es plano; es un pequeño error, una pequeña nota falsa (en el sentido pictórico más formalmente banal, diría yo). Está la niña raquítica (creo que es la niña de Melissa, ya mencionada si no me equivoco), envuelta en un chal: otra figura extraordinaria, conmovedora, toda pintura, toda pintura; sin embargo, incluso ahí, si observan la calle a los pies de esta niña, verán que aquí y allá está un poco descuidada, algo «sucia», como dicen algunos pintores. Luego hay una mujer de luto, envuelta en un chal negro, una figura encantadora, pictórica; hay un alhelí, encima del chal, algo descuidado, algo sordo, algo marchito. Hay una madre caníbal devorando a su hijo: todo es bello, todo es extraordinario, pero las manos de la madre están un poco desdibujadas, son un pequeño error, no diré anatómico, sino en la forma de aplicar la pintura al lienzo. Hay un pequeño lirón que es una delicia, hermoso, con el follaje del bosque detrás, la maleza, el humus, la dulce carita del animal; sin embargo, a los pies del lirón, una vez más, la tierra es un poco superficial, un poco apagada.

Por supuesto, también hay cuadros totalmente resueltos y llenos de pintura pura. Por ejemplo, el retrato de Saba y un pequeño autorretrato de Levi con un gorrito blanco en la cabeza, con el pelo especialmente rojo. No sé si se trata de un autorretrato, o de un retrato que se le parece extraordinariamente… Pero no solo cuadro a cuadro, sino también así, entrecerrando los ojos y recordando en bloques esta pintura, nos damos cuenta de lo mismo, es decir, de que, en los grandes cuadros sociales, como *La Calabria in lotta* o *La Sicilia in lotta,* en esos desfiles de rostros apenados, tristes y hambrientos, de chales negros, de asnos, etcétera, en estos grandes y hermosos cuadros, de vez en cuando, en alguna esquina, en un antebrazo, en un pie, en un trozo de casa que se ve desde el exterior, está el peligro de lo manifiesto, una ligera y repentina superficialidad, de modo que no se resuelve todo en esa pintura pura de la que les hablaba. Así las cosas, estamos ante un drama, ante una pintura que aspira a ser global, total y misteriosamente pintura, y en la que, sin embargo, hay elementos que la contradicen precisamente en su terreno, en su ser, en su especificidad como pintura. Y hace que nos hallemos ante algo misterioso, algo indefinible. Para hablar de ese algo, solo puedo proceder a tientas, porque no me apoyo en una terminología, ni específica ni genérica, ya que ese algo me resulta misterioso: es el drama que me ha fascinado en esta exposición de Levi. Usando palabras genéricas, podría decir que, más que obras de pintura, en realidad son testimonios, una forma de amor, como por otra parte ya se ha dicho; y en este magma, en el magma de este amor, de este testimonio, se pueden decir, legítimamente, las cosas que ha dicho Del

Guercio, pero se pueden decir con un poco menos de certeza: es cierto que la cronología no es necesaria, pero también lo es, igual que la biografía de Levi que aparece en los cuadros. Al contemplarlos con él, me he enterado de algunas cosas de viva voz, como, por ejemplo, que algunos de los cuadros fueron pintados durante la guerra, en el momento en que Levi supo de la destrucción…, del bombardeo de su casa, de su pueblo; y su explicación hace, probablemente, que yo comprenda mejor ese cuadro. Levi me ha contado que otros cuadros, los del naufragio, son la presencia obsesiva del recuerdo de los siete bocetos que hizo su padre, que tenían como tema un naufragio, y que dicho naufragio (Levi lo ha comprendido solo ahora) era la muerte de su padre. Resumiendo, estos datos biográficos de su vida, y por tanto de su relación con el mundo, y la cronología de la realización de los cuadros, constituyen una sucesión y una linealidad que son, a la vez, útiles en la medida en que lo que hemos visto es pintura, y perfectamente inútiles en la medida en que lo que hemos visto no es pintura.

Nos hallamos, pues, ante un mundo extraordinariamente ambiguo, profundamente ambiguo y fascinante al mismo tiempo. No le haría un halago a Carlo Levi diciéndole que es un gran pintor, porque le diría una banalidad; le digo que es algo distinto a un gran pintor. Acabo, porque quiero dejar la cuestión en el aire. Tal vez la mejor manera de definir ese algo —que he definido de manera muy general, y ante el cual me declaro impotente— sea recurrir a técnicas, a críticas muy concretas, incluso especializadas, acaso al estructuralismo o al antiguo, inocente, cándido y maravilloso formalismo ruso de los años veinte. Shklovski, por ejemplo. De hecho, esta exposición de Levi, que demuestra que lo suyo es pintura y no es pintura, es una demostración de la validez de las teorías del formalismo y del estructuralismo, es decir, que no estamos ante un género. La pintura de Levi rompe las barreras que separan la pintura de la literatura, la literatura del cine y el cine de otra cosa. En otras palabras, es una demostración triunfalista, explosiva, vital, de que la pintura no es un género artístico; es otra cosa, es un universo formal, con sus propias leyes internas que solo se aplican a esa forma, que solo se aplican a Carlo Levi.

Así las cosas, en mi opinión, la deuda que tiene la crítica italiana con Levi es precisamente la de hacerle un cuidadoso estudio filológico, formalista y estructuralista de estas leyes internas que determinan este fenómeno ambiguo y narcisista en la pintura de Levi de manera profunda y estrictamente autónoma, sin disfrazar, sin embargo, el profundo conflicto dramático entre este universo formal y sus contenidos.

LA LUZ DE CARAVAGGIO[16]

Todo lo que yo puedo saber acerca de Caravaggio es lo que dijo sobre él Longhi. Es verdad que Caravaggio fue un gran inventor, y por tanto un gran realista. Pero ¿qué inventó Caravaggio? Para responder a esta pregunta, que no me planteo por pura retórica, no puedo más que remitirme a Roberto Longhi. Caravaggio inventó, primero, un nuevo modo que según la terminología cinematográfica se denomina «profílmico», y con esto entiendo todo lo que está delante de la cámara cinematográfica; es decir, Caravaggio inventó todo un mundo que poner delante del caballete en su estudio: nuevos tipos de personas, en el sentido social y caracterial, nuevos tipos de objetos, nuevos tipos de paisajes.

Segundo: inventó una nueva luz, sustituyó la luz universal del Renacimiento platónico por una luz cotidiana y dramática. Tanto los nuevos tipos de personas y de cosas como el nuevo tipo de luz, Caravaggio los inventó porque los vio en la realidad. Se dio cuenta de que a su alrededor —excluidos por la ideología cultural vigente desde hacía casi dos siglos— había hombres que no habían aparecido en los grandes retablos o en los frescos, que existen las horas del día, formas de iluminación lábiles pero absolutas, que nunca habían sido reproducidas y, al haberse alejado cada vez más del uso y de la norma, habían acabado siendo escandalosas y, por lo tanto, olvidadas. Tanto que probablemente los pintores, y en general los hombres, antes de Caravaggio probablemente ni siquiera las veían.

La tercera cosa que inventó Caravaggio es un diafragma (también él luminoso, pero de una luminosidad artificial que pertenece solo a la pintura y no a la realidad) que lo separa tanto a él, el autor, como a nosotros, los espectadores, de sus personajes, de sus naturalezas muertas, de sus paisajes. Este diafragma, que pone las cosas pintadas por Caravaggio en un universo separado, en cierto sentido muerto, al menos respecto a la vida y al realismo con el que esas cosas habían sido percibidas y pintadas, ha sido estupendamente explicado por Roberto Longhi con la suposición de que Caravaggio pintaba mirando sus figuras reflejadas en un espejo. Tales figuras eran las que Caravaggio había elegido de la realidad, descuidados aprendices de frutero, mujeres del pueblo jamás tomadas en consideración, etcétera, y también ellas estaban inmersas en la luz real de una hora cotidiana concreta, en el sol y en la sombra: y sin embargo…, sin embargo, dentro del espejo todo parece como suspendido, como con un exceso de verdad, un exceso de evidencia, que lo hace parecer muerto.

Puedo amar críticamente la opción realista de Caravaggio que consiste en plasmar en los personajes y en los objetos el mundo que quiere pintar; puedo amar, aún más, críticamente, la invención de una nueva luz donde hacer acaecer los inmóviles acontecimientos. Sin embargo, como el realismo precisa una buena dosis de historicismo para identificarlo en toda su imponencia, al no ser yo un crítico de arte, y viendo las cosas desde una perspectiva histórica falsa y escueta, en definitiva, a mí el realismo de Caravaggio me parece un hecho bastante normal, superado a lo largo de los siglos por otras nuevas formas de realismo. Por lo que respecta a la luz, puedo apreciar su invención estupendamente dramática, pero por una forma estética mía particular —debida quién sabe a qué maniobras de mi inconsciente— no amo las invenciones de luces, prefiero mucho más las invenciones de formas. Un nuevo modo de percibir la luz me entusiasma mucho menos que un nuevo modo de percibir, pongamos, la rodilla de una Virgen bajo el manto o el escorzo del primer plano de un santo: amo las invenciones y las aboliciones de los claroscuros, de las geometrías, de las composiciones. Ante el caos luminoso de Caravaggio me quedo admirado pero un poco distanciado (si es mi opinión estrictamente personal lo que aquí se quiere conocer). La que me entusiasma es la tercera invención de Caravaggio: es decir, el diafragma luminoso que hace de sus figuras unas figuras aisladas, artificiales, como reflejadas en un espejo cósmico. Aquí, los rasgos populares y realistas de los rostros se pulimentan en una caracteriología mortuoria, y así la luz, aun estando muy empapada del instante del día en el que está captada, se fija en una grandiosa máquina cristalizada. No solo el Baco joven está enfermo, sino también su fruta. Y no solo el Baco joven, sino todos los personajes de Caravaggio están enfermos, ellos, que deberían ser por definición vitales y sanos, tienen, en cambio, la piel deslucida por la cenicienta palidez de la muerte.

LADIES AND GENTLEMEN
[17]

Hablando con Man Ray de mi película *Los 120 días de Sodoma* hubo un momento en el que mi interlocutor no me entendió. Man Ray es brillante, inteligente, presente. Su manierismo es fresco como hace cuarenta años. No hay ninguna razón en el mundo por la que él no pueda entender algo.

Pero, más que falta de entendimiento, había en él una oscuridad, un vacío. ¿De qué se trataba? Yo le había dicho que había ambientado la novela de Sade en 1945 en Saló. Era eso lo que él no comprendía. No lo entendía porque se le escapaba el hecho de que 1945 fuese un año especialmente significativo (el fin de una guerra: ¿y bien? ¿En 1918 no había acabado otra?) y, sobre todo, se le escapaba el hecho de que Saló hubiese sido la capital de una pequeña república fascista. Es más, incluso confundía Saló con «*salaud*», para mi completa satisfacción, por otra parte.

¿Andy Warhol me habría entendido mejor? No sé si Warhol, como Man Ray, es un admirador de Sade. Sus travestidos tienen un conmovedor atrevimiento que no es precisamente «sadiano». Pero, para Warhol, ¿es significativo el año 1945?, y la palabra Saló, ¿le dice algo?

Es una pregunta un poco decorativa, lo sé. Pero la hago porque en ella se aglutina una serie o, mejor dicho, una maraña de preguntas. La historia, para Warhol, ¿puede dividirse? ¿Puede haber un momento en el que termine un modo de ser y comience otro? ¿Puede haber una división histórica en el universo en que vivimos y, por tanto, en el pequeño universo concentrado y valioso en el que trabajamos? ¿Puede existir una línea divisoria entre los hombres? ¿Y en particular en sus conciencias? ¿Y más en concreto aún en el terreno ideológico de sus conciencias? ¿Hay algo que pueda resquebrajar el «todo único» que la mente profanadora del artista —por puro juego— cuestiona totalmente, ridiculiza o adora, venera o hace vano? ¿Puede el fascismo romper algo en ese «todo único»? ¿O, por el contrario, puede una revolución marxista (primero) separarlo a través de esa oposición fatal y total que es la lucha de clases y (después) transformarlo hasta hacerlo desaparecer?

Un mensaje que desde Europa llegue a América implica todas estas divisiones, estos desdoblamientos, estas oposiciones de la realidad, y es misterioso por eso. Al contrario, un mensaje que desde América llegue a Europa implica indivisibilidad, homogeneidad, compacidad: proviene de una entropía. Y por eso es aún más misterioso.

Tengo delante las serigrafías y algunas pinturas de Warhol. Mi sensación es la de estar frente a un fresco ravenés que representa figuras «isocéfalas», todas, se entiende, frontales. Repetidas hasta el punto de perder su propia identidad y de ser reconocibles, como los gemelos, solo por el color de la vestimenta.

El ábside de la catedral que Warhol construye y luego lanza al viento dispersándola en los muchos recortes de las figuras «isocéfalas» y repetidas, es, en efecto, bizantino.

El arquetipo de las varias figuras es siempre el mismo: perfectamente ontológico.

Es la calidad de vida americana, que parecería ser el equivalente a la sacralidad autoritaria de la pintura oficial cristiana de los orígenes: es decir, proporcionar el modelo metafísico de toda posible imagen viva. Para ese modelo no hay alternativas, sino solo variaciones. El hombre americano es único, a pesar del pluralismo efectivo y reconocido. Es más fuerte, en definitiva, el Modelo que las infinitas personas reales que pueden pasar por la calle 42 a las siete de una tarde de verano. Si, además, el ambiente «seleccionado» se restringe al Golden Grape, nada puede oponerse al Modelo, salvo unas variaciones reducidas al mínimo: una repetición obsesiva, la Obsesión. El nombre y el apellido de los travestidos no bastan, su filiación es irrelevante; son absorbidos en la unicidad de la Persona que los prefigura, situándose junto a otras Personas arquetípicas en el cielo de la Entropía americana. Estamos frente al *Travestito* y al restringido grupo de sus, aunque innumerables, variaciones. Cuando sepamos que uno de los *Travestiti* «particulares» se llama Candy Darling y ha muerto de cáncer en la clínica tras dar, el día antes de su fallecimiento, una fiesta en honor a las «amigas» —fiesta caracterizada por una descabellada cantidad de rosas blancas—, conoceremos un dato que nada cambia a la Persona apriorística y única de la serigrafía.

¿En qué consisten las variaciones? En dos órdenes o estratos de técnicas: a) la fotografía de los sujetos (aumento, estampado por serigrafía); b) la coloración del aumento. Como se ve, se trata de dos «aplicaciones» aplicadas una sobre la otra. Sobre la superficie blanca se hace explotar primero la realidad (física, psicológica, sociológica) y después, sobre sus últimos, deteriorados fragmentos, se pega el *affiche* fúnebre que lo fija en su instante inextinguible de pura vitalidad. La segunda operación es la más propiamente pictórica: las tintas acrílicas —no del todo matéricas— se disponen —sobre la superficie que contiene la fotografía dilatada— de una manera aparentemente casual. Pero no se trata de «manchas», sino de «recortes», pegados. La estampa funde todo en una única superficie. La elección de las formas del «recorte pegado» y sus colores se encomiendan a una especie de inspiración calculada y casi automática. Las formas del recorte pegado juegan con las formas realistas de la fotografía —desdoblándolas, desequilibrándolas, exaltándolas— en superposiciones siempre desfasadas respecto a la anatomía, pero siempre subordinadas a la anatomía (resaltando los ojos, las bocas, los cabellos y los fondos). La remisión cultural más directa de tal técnica es a los carteles publicitarios y a los *affiches* formalistas, así como a detalles de la pintura *fauve*.

En cuanto al primer orden o estrato técnico —el de la fotografía—, hay que observar que la fotografía parece siempre obsesivamente la misma; siempre frontal o en primer plano, nunca de perfil; siempre «afectada», nunca natural; siempre a la manera de las «Estrellas» cinematográficas, nunca a la manera de lo cotidiano captado al vuelo. Esto «quema» la psicología, pero relativamente.

De hecho, los rasgos o las características personales hablan de por sí un lenguaje psicológico incluso y a pesar del esfuerzo por autoanularse (aun antes de ser fotografía o pintura) en un cliché humano. ¿El esfuerzo que hacen estos *Travestiti* para mostrarse triunfalistas no es de una veleidosa y conmovedora humanidad? Pero ellos no van más allá de este esfuerzo. Se entiende, el «Distinto» en su gueto permisivo de Nueva York puede triunfar a costa de no salirse de un comportamiento que lo haga reconocible y tolerable. La soberbia femínea de estos varones no es más que la mueca de la víctima que quiere conmover al verdugo con una bufonesca dignidad regia. Y es esa mueca la que hace a todos estos *Travestiti* psicológicamente iguales, como dignatarios bizantinos en un ábside estrellado.

Por lo tanto, también el universo de Warhol es de algún modo doble, vive en un drama de oposición. Pero las que se oponen son dos ontologías: la ontología formal y la ontología psicológica. A una serie de manchas (recortes coloreados) cuya estructura está decidida apriorísticamente incluso cuando es parcialmente dejada al azar, se opone una serie de retratos fotográficos cuyo significado es igualmente apriorístico y predeterminado.

El mensaje de Warhol para un intelectual europeo es una unidad esclerótica del universo, en el que la única libertad es la del artista, que, despreciándolo sustancialmente, juega con él.

La representación del mundo excluye toda posible dialéctica. Es, al mismo tiempo, violentamente agresiva y desesperadamente impotente. Sin embargo, en su perversidad de «juego» cruel, astuto e insolente, hay una sustancial e increíble inocencia.

PRESENTACIÓN DE *VEINTE DIBUJOS* DE RENATO GUTTUSO[18]

Querido Guttuso:
después de la estupenda selección
para intelectos puros
dictada por Moravia *(¡non errare humanum est!)*,
después de esa estupenda intervención desde el Oeste,
es difícil retomar una desde el Este.

Por eso me apetece escribirte con versos de anuncios de periódicos, en los que se ha especializado el neocapitalismo, quizá de la mano de tu coetáneo Sinisgalli.

¡Dichoso tú que, cuando coges el lápiz o el pincel, siempre escribes en verso!

El pintor es un poeta que nunca se ve obligado por las circunstancias a escribir en prosa…

Veo en ti a un hermano precisamente por esto: por la desesperada premeditación de hacer siempre poesía, en cada discurso, acaso abandonándola a sí misma, inacabada, caótica, recién nacida, allá donde la prosa podría nivelarla con la integridad del texto.

Miro a tus *Operai in riposo* de 1945.

Uno de ellos, el que está casi en el centro, tiene los brazos cruzados, apoya el antebrazo izquierdo en la rodilla izquierda (ha terminado de comer una barra de pan con cebolla o una tortilla) y está ahí, en el montón con los demás, ni muy somnoliento ni muy desanimado por la fatiga, el trabajo o el sueldo escaso: no, para él es una hora, un día cualquiera, ajeno, en una pura relación de costumbre con las cosas y los acontecimientos de su mísera vida. Tiene los labios carnosos y las grandes fosas nasales del siciliano, lleno de sensualidad y fuerza física. No lo vence el sueño repentino que viene después de comer, especialmente bajo el sol del mediodía. Está bien. Pero no tiene ganas de hablar. Tal vez esa gota de vino malo que ha bebido le da una ligera dicha que se extingue en el silencio, es la contemplación pacífica de los demás, de sus compañeros.

Toda esta «descripción», tan integrada en sus términos psicológicos y vagamente sociológicos, es prosa: la piedad y el amor, o la ironía amistosa, o la bonhomía de la camaradería por la fatalidad de una miseria, de una humildad absoluta, son las que hacen poesía.

Ahora bien, este trabajador tuyo carece de toda la parte izquierda de la cara: le faltan las pestañas y las cejas, le faltan los párpados y las pupilas, le faltan el pómulo y la mejilla. Solo se le ve el contorno de la cara, que apenas se enrosca para insinuar la oreja bajo la vieja gorra levemente bajada sobre la frente.

Algo terrible ha borrado, pues, el lado izquierdo de la cara, dejándola vacía y blanca.

Este no es el único caso de monstruoso inacabado en el dibujo. También el lado derecho del cuerpo del mismo trabajador, por debajo del codo, es una zona hinchada y blanca: borrada, o nunca concebida.

Zonas blancas, contenidas solo por el contorno, se ven aquí y allá, arbitrariamente (no exentas de cierta diabólica simetría), en todo el dibujo: la espalda del obrero que lee *l'Unità* boca abajo, en primer plano —el pecho del obrero que yace en un sueño furioso e inocente, en la pared que acaba de ser levantada— de nuevo el pecho (pero cubierto por un brazo bastante acabado) del último obrero a la izquierda del espectador, también dormido.

Y hay otras zonas casi blancas: las dos piernas del trabajador sentado, casi en el centro, con dientes de esqueleto y la espalda apoyada en el muro bajo, que muerde una barra de pan. Las piernas, donde las marcas de los contornos y los pliegues de la tela están dibujadas con un hilillo de tinta, casi como si la locura furiosa, desordenada e inspirada de los contornos y pliegues de todo el dibujo, arbitrariamente, sufriera allí una repentina parada, un arrepentimiento, de modo que la punta del lápiz o de la pluma rozara el papel con ligereza caprichosa y despreocupada en lugar de grabarlo, desgarrarlo casi, como en el resto de la obra.

Las figuras de los diez obreros
emergen blancas de entre los ladrillos blancos:
el mediodía es de verano.
Pero las carnes humilladas
hacen sombras, y el orden desordenado
de los blancos es fielmente seguido
por los negros. El mediodía es de paz.

Pero algunos de estos negros —detrás de la escalera, en el hueco de la escalera interior, en los adoquines— están limpios, y otros bajo las piernas del último durmiente a la derecha del espectador, en la pared detrás del cubo, en la zona indefinida detrás de la pared, en el cuerpo del *princeps* dormido, están sucios, algunos logrados con un sombreado denso y ordenado, otros con garabatos y manchas desordenadas.

Algunos rostros son humanos: ¿dónde
los has visto? El chico con el cucharón
y el pañuelo anudado en la cabeza
es seguramente el Beddamadre,
un hijo de ancestros sicilianos
que con sus otros diez hijos
viven en un cuchitril de Casilino.
Y también el que está a su lado,
con su narizón de argelino
que, con los brazos bien cruzados,
intenta dormir, es un pobre santo,
recientemente emigrado, que se está preparando,
con sus compañeros, en manada,
a una humilde vida de ciudadano.

También el hombre que lee *l'Unità* —con la nariz
puntiaguda y las mejillas caídas, bajo la gorra que
le envuelve la cabeza— es un retrato, igual que el
hombre que duerme sobre los ladrillos del muro,
con los brazos bajo la cabeza.

Pero… junto con estas figuras de huerto de
                              [Getsemaní,
en la tradición realista de los humildes durmientes,
hay tres tipos horribles,
llegados de Buchenwald.
Era el cuarenta y cinco y los esqueletos aún vivían.

Gente con dientes de calavera
que sobresalían de encías desnudas,
con agujeros bajo pómulos de cobayas,
caminaba entre nosotros. Fue una experiencia
cuya inocencia es una semilla perdida,
una experiencia de niños héroes:
me pregunto cómo nos las arreglamos
para permanecer tan puros,
tan fraternales… Los poetas tenían un corazón
de médicos que no temen el contagio
y caminan entre los apestados
casi con un feliz presentimiento de muerte.
Nunca hubo nada tan lleno de dignidad
como aquel horror común.
Y los millones de marcados por el destino,
los apestados que tenían que quedarse allí,
seguían entre nosotros, con una mirada
llena de una extraña luz que
no podía ver más allá de aquellos años.
Ahí están, ahora, en tu dibujo, tres
de esos predestinados, que se han quedado
aquí, en el mundo que era nuestro,
que se han quedado como por error:
ese error de piedad
que es la memoria de los poetas héroes.

* * *

La ley de la simetría de lo arbitrario: bajo su signo has pagado tu deuda con la obligación de la poesía durante estos quince o veinte años. Tu expresionismo no es más que el medio para proteger esta virginidad expresiva apriorística y tenaz. Tu expresionismo… es, por ejemplo, utilizar una de esas plumillas que delatan a los jóvenes que empiezan, o un lápiz que corre demasiado gris, demasiado indeciso, sobre un papel feo, amarillento, barato, escolar, de muchacho sin imaginación, que se deja deprimir por la miseria de los medios. Añade a esto la deliberada pesadez e incapacidad de la mano, la violencia furiosa de las figuras y los retratos, casi ofensiva por su descubrimiento cargado de efecto inmediato, por su pretensión de ingenuidad precultural.

Lo sabes, no hay dibujo tuyo en el que no se vean los signos de una contracción a la vez sincera e insincera, de un grito a la vez auténtico y desafinado.

Así es como reconstruyes, con los medios aparentemente menos adecuados, la «poeticidad», la maldita poeticidad, a la que nos lleva el siglo irracional, como a una especie de elusión que, sin embargo, no traicione al menos la autenticidad estética…

Vuelve a mirarte (1940, en el primer estudio para la *Crocifissione*) la papada verdosa y rayada bajo la gola del caballo con el cuello estirado en P. P., y:

1944: de un panel de *Gott mit uns,* el que recibe el disparo de pistola en la nuca, de rodillas, que no está claro si está de espaldas o de frente;

1948: en las *Cucitrici,* la torpeza insolente de los refinados contornos geométricos neocubistas;

1950: en *Piazza Navona,* la vulgaridad maciza de las dos figuras, sobre todo de la de cara, sin abrigo, hecha con cuatro golpes de pincel ligeramente sucio, como una marioneta sin pies;

1955: en *Sul lago di Lugano,* alrededor de los pechos de la joven de la barca, toda la zona está sucia, en el sentido más técnicamente bajo de la palabra, como si un dedo hubiera pasado casualmente sobre el sepia y el azul del dibujo;

1957: la *Discussione politica,* de colores refinados, esta vez sin una mancha, sin ninguna marca infeliz y masiva, pero llena de zonas inacabadas, perfectamente blancas, dejadas gratuitamente a su virginidad de papel;

y es suficiente: la lista es demasiado fácil.

Esta furia tuya contra la completitud lógica, este deseo tuyo de seguir siendo siempre un aprendiz, siempre inspirado, precultural, pregramatical: la funcionalidad exclusivamente estética del lenguaje (la expulsión de lo que no es funcional, es decir, las zonas que dejas en blanco, siempre es de naturaleza estética, ¡no lo niegues!), esta costumbre tuya de combinar la poeticidad forzada, unas veces con una prosa carica-turesca-ensayística *(I centomila martiri)* y otras con prosa artística *(I fichidindia),* este es el precio que le pagas a la época histórica que odias y condenas.

De esa manera tú, objeto por definición de un amor «sano», podrías ser la obsesión de un filólogo sin sentimientos, que quisiera preparar una tabla de la historia de tus implicaciones, de los «intercambios» entre realismo y esteticismo.

Como:

I fichidindia: un hallazgo estético por definición, dada la aproximación del punto de vista desde el que se enmarcan los higos, que, al aislarlos del contexto del paisaje, los convierte casi en un simple arabesco, en una abstracción de formas. Pues bien, esta lluvia de chumberas, que llenan todo el espacio o todo el cuadro como si fueran infinitas, están ejecutadas con el pulso pesado, duro, inelegante, funcional, casi desagradable, de una parte de un boceto realista. Mientras que:

La discussione politica, que es un boceto realista, está ejecutado con un trazo extremadamente refina-do, el de los mejores, desde De Pisis hasta Manzù: y, además, al tratarse de un dibujo con colores, hay *Delikatessen* coloristas ejecutadas con la impertérrita habilidad de un artesano que se desvive de dulzura sensual.

Otro conjunto de comparaciones textuales de historia estilística interna podría ser el de los «vacíos».

La *Figura* de 1962, por ejemplo: un rostro, intensamente dibujado, con un busto debajo con dos senos apenas insinuados por un hilo continuo (de gran dibujante). Pero la mitad de la cara está vacía, apenas delimitada por el habitual contorno.

Expresividad e inexpresividad se dan la mano en este rostro de mujer burguesa. Pero la Expresividad —es decir, la confianza en lo real y, por tanto, en lo figurativo— es aquí, como sucede a menudo, expresionista y ligeramente académica: ¿es esto lo que tú opones al «blanco» de la otra mitad del rostro, inexpresado, es decir, a la integridad de la abstracción, a ese vacío absoluto que es la aspiración y el fundamento (místico) del esteticismo?

Por supuesto que no. De hecho, dentro, detrás de este estudio de la *Figura,* más allá de las características estilísticas históricas, está la sombra, el espectro de ese hecho inefable que es la característica estilística individual, la fatalidad de ser uno mismo, por naturaleza y por elección.

Reto a cualquiera a que demuestre que esta *Figura,* mitad expresionista, mitad no expresada, no es tuya. Toda esta figura, con esa pizca de «desagradable» tan bien descrita por Moravia en su ensayo, es un testimonio, bajo la red y las rejillas del signo expresivo-inexpresivo, de la fe inquebrantable en un significado, al que, por definición, ese signo no puede aludir.

Tu verdadera y profunda alusión es siempre a la realidad.

* * *

A la luz de esta alusión, veamos de nuevo los *Operai in riposo* de 1945: de los que no he dicho, en las descripciones que he intentado, que pudieran considerarse un dibujo coloreado. De hecho, entre los contornos y las zonas blancas que he mencionado, entre los cuerpos en luz y sus sombras —en definitiva, en el atormentado blanco y negro—, aparece el rojo.

La ley de la fantasía arbitraria se aplica también a la disposición de estas tres o cuatro manchas rojas, que fluyen bajo el dibujo como si surgieran de él con el necesario desorden de las cosas naturales. Está vigente la ley de lo arbitrario fantástico. El rojo destella en la camisa del obrero que,

con su narizón de argelino
que, con los brazos cruzados
intenta dormir, es un pobre santo,
recientemente emigrado, que se está preparando,
con sus compañeros, en manada,
a una humilde vida de ciudadano.

Es una camiseta de las que se compran en UPIM o Porta Portese[19] por mil liras: roja, para exuberancia de la juventud. La lleva con una gracia descuidada, mientras «finge» la felicidad de quien duerme la siesta, aunque es demasiado joven e inquieto para dormir realmente a esa hora, bajo el sol.

Luego, ese rojo humilde y denso —aplicado de manera regular en toda la camiseta— desaparece, en un misterioso curso subterráneo, para resurgir en el pañuelo que rodea el cuello de la cobaya de Buchenwald que rechina los dientes, y luego, como irradiado por el trapo alrededor del cuello del obrero elegido como símbolo de la atrocidad de la miseria, se expande alrededor, a la sombra del muro bajo, a la sombra del costado y del regazo del obrero de al lado, que muerde el bocadillo pero se ensucia, fundiéndose con la tinta del blanco y del negro.

La última aparición —¡por supuesto, tiene que ser simétrica!— está en la gorra del último trabajador a la izquierda del espectador, acurrucado en el sueño.

Finalmente, para cerrar su presencia, para satisfacer la petición estética casi inconsciente de un «recorrido» de manchas similares en la máquina de la composición, hay otros dos residuos muy tenues de rojo, entre los adoquines, como dos hilos de sangre que gotea.

Casi objetivamente, por razones de contenido —el grupo de trabajadores en la obra, dibujado por ti—, el rojo acaba siendo una alusión: de hecho, en un «ámbito» lingüístico cerrado, lo es inmediatamente. Es un signo ligeramente ambiguo de un significado que se posee colectivamente. Es el rojo del obrero. El rojo del sentimiento de la lucha de clases.

Pero no en su luz común, en su convención inequívoca: porque en ese caso sería un signo oratorio, no poético. No hay instrumentalidad inmediata en ese rojo tuyo, es decir, en que te llames comunista y cantes el comunismo. Por el contrario, hay tal cantidad de mediaciones e implicaciones que el rojo acaba expresando un sentimiento totalmente privado e irrepetible: el de la poesía. Como toda gran ideología, el realismo socialista exige directamente que el poeta sea poeta: no sabe qué hacer con su capacidad lingüística, con su poder de persuasión profesional.

En ese rojo, arbitrario, solo estéticamente funcional, fragmentario, interrumpido, inspirado, imprevisible y refinado hasta la tosquedad fingida, está todo tu especial comunismo, tu relación con la realidad y con la clase trabajadora.

Ves, con simpatía, a un grupo de trabajadores tumbados al sol a la hora del descanso, los sientes sinceramente como hermanos, te pones varonilmente a su nivel, sin apenas interrupción psicológica o humana entre ellos y tú; luego, cuando los describes en tu arte específico, algo irremediable evoca en tu cabeza una tradición pictórica (composiciones de durmientes, huertos de Getsemaní) de la que están excluidos y a la que intentas contradecir con la brutalidad del signo, como para acercarte a ellos, pero sin poder evitar la irreversibilidad del movimiento que te separa de esos humildes compañeros tuyos al contemplarlos.

Ves, con amor, un montón de trabajadores tumbados al sol, comprendes casi por experiencia carismática (de siciliano, de hijo del pueblo, de pobre) su carga emocional, su fisicidad, y, casi con la hilaridad bondadosamente irónica que conlleva la gran confianza mutuamente aceptada, los observas en sus actos minúsculos y épicos; luego, cuando los representas, pasas de ser un hermano a convertirte casi en un padre, y vuelves la mirada hacia otras conexiones, otras relaciones humanas: las culturales, a las que los adaptas paternalmente, con un gesto nervioso, pesado, oscuro por la impaciencia de alguien que, por su cultura, está destinado a la abstracción, al gusto por la forma pura, y permanecer fiel a las figuras es casi una forma de neurosis.

Ves, con plena conciencia política, a un puñado de obreros tumbados al sol, participas de sus ínfimos problemas particulares de hombres pobres, de su problema histórico de obreros, compartes su rabia y su esperanza, su resignación y su revuelta, tienes su carnet del Partido en el bolsillo: luego, cuando los expresas, cruzas casi sin querer, fatalmente, el límite de la expresión, y haces de su protesta algo que, superando el realismo particularista —psicológico, regional o nacional—, se anquilosa, fuera de la historia, en una forma emblemática.

La ambigüedad de la poesía. La poesía a la que te obliga la educación de tu siglo, que no admite más que la intuición auténtica, y a la que te obliga la sinceridad de tu fe, que no puedes traicionar con ninguna retórica.

* * *

Hay un color tan antiguo como todos los colores del mundo. ¡Cómo lo hemos amado,
casi encarnado en la madera de milagrosas
predelas, en refectorios románicos,
en la oscuridad de las cantorías en los Apeninos
[estivos!
¡Un rojo como de cuero, de sangre oscurecida
en los poros de la madera por un mediodía aún
vivo, en el siglo XIII o XIV; cerezas
recogidas en los jardines de un Nápoles de reyes
[campesinos,

frambuesas crecidas en un zumbido de avispas
que los siglos han relegado
a claros irreconocibles, y tan familiares!
El rojo de toda la Historia. Polvo
y bruñidos, en Tebaidas del Lacio…
Entornos umbros, boloñeses o venecianos
por masacres de inocentes o multiplicación de
[panes.
La sangre de Italia está en ese rojo de ricos
donde lo cotidiano es siempre sublime,
y el manierismo tiene sus reinos…

Ahora está en nuestras manos,
ya no grabada en lienzos o maderas,
en máquinas de sublime belleza, solicitada
por el mediodía de la potencia.

Un rojo ingenuo y torpe, pegado
al papel o al contrachapado
como un bigote o un garabato, atado
a la frescura casual y arbitraria
de un acto expresivo que no quiere agotarse.
Ilegítimo, inacabado, crudo,
nunca consagrado por la técnica que infunde
veneración en el humilde…
Otra sensualidad, otro desconcierto
cognitivo…

Pero es fatal que más allá de estos años
lo casual se vuelva definitivo,
el arbitrio, absoluto.
Los significados se convertirán en cristales,
y el rojo retomará su historia
como un río desaparecido en el desierto.
El rojo será rojo, el rojo del obrero
y el rojo del poeta, un único rojo
que significará realidad de una lucha,
esperanza, victoria y piedad.

Notas

¹   Este texto lo escribió Pasolini en 1973. *(Todas las notas son del traductor).*

²   Publicado en *La stretta di mano,* 31 de agosto de 1947. Tomado de P. P. Pasolini, *Saggi sulla letteratura e sull'arte,* I-II [1999], Walter Siti y Silvia de Laude (eds.), Arnoldo Mondadori editore, Milán, 2008³, este artículo en I, pp. 224-226. En adelante, citado como Pasolini, *Saggi* [2008].

³   Publicado en *Il Messaggero Veneto* el 21 de septiembre de 1947. Tomado de Pasolini, *Saggi* [2008:I, 227-231].

⁴   Publicado en *Il Mattino del Popolo* el 12 de octubre de 1947. Reproducción sin cambios sustanciales de un artículo publicado la semana anterior en *Lotta e lavoro,* titulado «Scheda per 55 ritratti». Tomado de Pasolini, *Saggi* [2008:I, 237-243]. En la Mostra Triveneta del ritratto, celebrada en la Sala della Loggia del Lionello de Udine del 27 de septiembre al 12 de octubre de 1947, participaban Zigaina, Pittino, Turrin, Valenzin, Toso, Saccomani, Mitri, Tramontin, Novati, Barbisan, Afro, Semeghini, Anzil y Dri.

⁵ Publicado en *Il Quotidiano,* 28 de octubre de 1950. Tomado de Pasolini, *Saggi* [2008:i, 353-356].

⁶ Publicado en *La Fiera Letteraria,* 9 (23), el 6 de junio de 1954. Tomado de Pasolini, *Saggi* [2008:i, 563-565].

⁷ Los *macchiaioli* («manchadores») fueron un grupo de artistas activos principalmente en Toscana entre 1856 y 1867. El movimiento se basaba en la «teoría de la mancha», según la cual la visión de las formas es creada por la luz a través de manchas de color, distintas, yuxtapuestas y superpuestas.

⁸ Inédito, escrito en 1955. Tomado de Pasolini, *Saggi* [2008:i, 615-617].

⁹ Publicado en *Il Punto,* 1 (28), 8 de diciembre de 1956. Tomado de Pasolini, *Saggi* [2008:i, 659-661].

¹⁰ Publicado en *Tempo,* 18 de enero de 1974. Más tarde en *Descrizioni di descrizioni,* Einaudi, Turín, 1979. Tomado de Pasolini, *Saggi* [2008:ii, 1977-1982]

¹¹ Cita del artículo «Giotto spazioso», de Roberto Longhi, publicado en la revista *Paragone* en 1958.

¹² Una de las principales revistas culturales italianas de comienzos del siglo xx, dirigida por Giuseppe Prezzolini.

¹³ Escrito en 1971, publicado en *Écrits sur la peinture,* Hervé Joubert-Laurencin (ed.), París, 1997. Tomado de Pasolini, *Saggi* [2008:ii, 2593-2594].

¹⁴ Publicado en *Tempo* el 25 de junio de 1972. Tomado de Pasolini, *Saggi* [2008:ii, 2612-2615].

¹⁵ Discurso pronunciado el 20 de octubre de 1974, con ocasión de una exposición de la obra de Carlo Levi celebrada en el Palazzo Te,

en Mantua. Durante la clausura de la exposición se celebró una mesa redonda en la que, además de Pasolini, participaron Antonio Del Guercio, Ugo Attardi, Mario Soldati y el propio Carlo Levi. Texto tomado de Pasolini, *Saggi* [2008:II, 2647-2651].

[16] Escrito en 1974, publicado póstumo. Tomado de Pasolini, *Saggi* [2008:II, 2672-2674].

[17] Escrito en octubre de 1975. Presentación para el catálogo de la exposición de Andy Warhol en Palazzo dei Diamanti, Ferrara. Tomado de Pasolini, *Saggi* [2008:II, 2710-2714].

[18] En *20 disegni di Renato Guttuso,* Editori Riuniti (La Nuova Pesa), Roma, 1962. El volumen incluye veinte reproducciones de dibujos realizados por Guttuso entre 1940 y 1962. Tomado de Pasolini, *Saggi* [2008:II, 2380-2390].

[19] UPIM (Unico Prezzo Italiano Milano) es una popular cadena de grandes almacenes italiana fundada en 1928. Porta Portese es el más popular mercadillo de Roma, aparecido en 1945.

Índice

«E il naufragar m'è dolce in questo mare»